だいわ文庫

人は「暗示」で9割動く！

人間関係がラクになるコミュニケーション心理術

内藤誼人

大和書房

はじめに

デキる人がこっそり使っている「心理誘導」のルールとは？

●どんな人とも、良好なコミュニケーションをとれるようになる
●人をスムーズに説得できる
●衝突せずに、賢く意見を通せるようになる

こんな方法があったら、ちょっと試したくならないだろうか。


コミュニケーションにまつわる悩みは尽きない。

どんなに論理的に話しても、キチッと意見を言っても、相手がいっこうに耳を傾けてくれない。

悪くすると反発されてしまい、上手にコミュニケーションをとれない。

ましてや人を動かすなんて、カリスマ性がなければ無理だろう……。

こう思ってしまうのは当然である。


そこで、「暗示コミュニケーション」の登場である。


これは「言葉づかい」「表情」「しぐさ」にちょっと気を配るだけで、人に好かれながら「あらゆる場面」でスイスイと人を動かしてしまう心理術だ。

意識して行っているのか、あるいは数多くの経験をもとに自然と行っているのかは別として、実は、デキる人の多くが「暗示コミュニケーション」を実践している。

もしかしたら、暗示という言葉に違和感を覚えたり、難しそうと感じる人もいるかもしれないが、そもそも会話には多くの「暗示」が含まれており、あなたのホンネは丸見えなのだ。

私たちが想像する以上に人の心は微妙で、うつろいやすい。ちょっとした言動で心が波立ったり、穏やかになったりするものだ。

だからこそ、

「わかってほしいこと」ほどズバッと言うな！
このルールを忘れてはいけない。

さもないと人間関係にヒビが入り、話を聴いてもらえなくなる。
人に好かれて、仕事も人生も楽しむには、「暗示コミュニケーション」の存在に気づき、一刻も早く実践することである。

なお、「暗示コミュニケーション」は、人を催眠にかけて騙す方法ではない。

ちょっぴり、こっそり「心理誘導」してみたい人のための、ポジティブなコミュニケーション入門である。

誰でも使える技法であるから、気軽な感覚で使ってほしい。

私自身、本書で心理学上の難しい話をするつもりはない。

ましてや理論的な話を展開する気など微塵もない。

もともと私は普通の心理学者がやるような「暗示とは何ぞや」という言葉の定義だけで何十ページも費やすような話や、「無意識とは何ぞや」という哲学的な議論も苦手である。

それよりも、人とのコミュニケーションの出発点として、どういう言葉がNGなのか、なぜそういう言葉は危険なのかを、心理学的見地からわかりやすく分析していく。

また、単なる言葉に留まらず、どういう表情、しぐさが人間関係を円滑にするのかもあわせて考えていきたい。

「こちらの熱意を感じて、相手が自分を受け入れてくれる」

「強引に説得しなくとも、自分の話にうなづいてくれる」

本書で紹介する「暗示コミュニケーション」を使って、こうした効果を実感していただければ幸いである。

技術的なお話を中心にした気楽な読み物であるから、肩の力を抜いて、どうか最後までおつき合い願いたい。

Contents
目次

2章 この「同意ムード」で相手はNOと言わなくなる！
〈乗り気にさせる暗示〉

3章

心から信頼されてしまう上質な「会話テクニック」

〈ネガティブな感情を消す暗示〉

4章

「賢く譲歩」して、スイスイ意見を通す！

〈結論を誘導する暗示〉

5章

困難な相手を手玉にとる「イメージ操作」の極意

〈人を動かす暗示〉

6章

「プラスの自己暗示」で一気にパワーアップする！

〈自分を元気にする暗示〉

Prologue

「暗示」を使えば、こっそり心理誘導できる！

Prologue 1

どんな会話にも、プラスやマイナスの「暗示」が潜んでいる

人間関係の悩みは、「不用意な発言」から始まる

普通の人は、自分の言動に、どのような意味があるかなど深く考えないものである（私だって、あまり考えていない）。自分の言葉に、どんな意味があって、どんな風に「裏読み」される恐れがあるかなど、想像もしないのが普通であろう。

本書を読めば、これまで自分が不用意に発言していたことが、実は、相手の心をひどく傷つけている危険性があることに気づくだろうし、今後は、どのように人と接するのがよいかの指針を手に入れることができるだろう。

人づきあいの成否は、暗示コミュニケーションにかかっている。

デキる人は「無意識」にアクセスするのがうまい

〝目に見えるもの〟よりは、〝目に見えないもの〟によって、人は動く。

目に見えるものを「意識」、目に見えないものを「無意識」に置き換えてみよう。

人の心には「意識」と「無意識」の部分がある。これを氷山にたとえて説明したのがスイスの心理学者カール・グスタフ・ユングだ。

彼の説によると、「意識」は海上に見えるわずかな部分にすぎず、水面下には「無意識」という巨大な領域が潜んでいる。そして、この無意識こそが人の考えや行動などに大きな影響を与えているという。

つまり、**意識的に行動しているようにみえても、人の行動の大半は、無意識の力によって動かされていることになる。**氷山の下に隠れている無意識を動かさなければ、

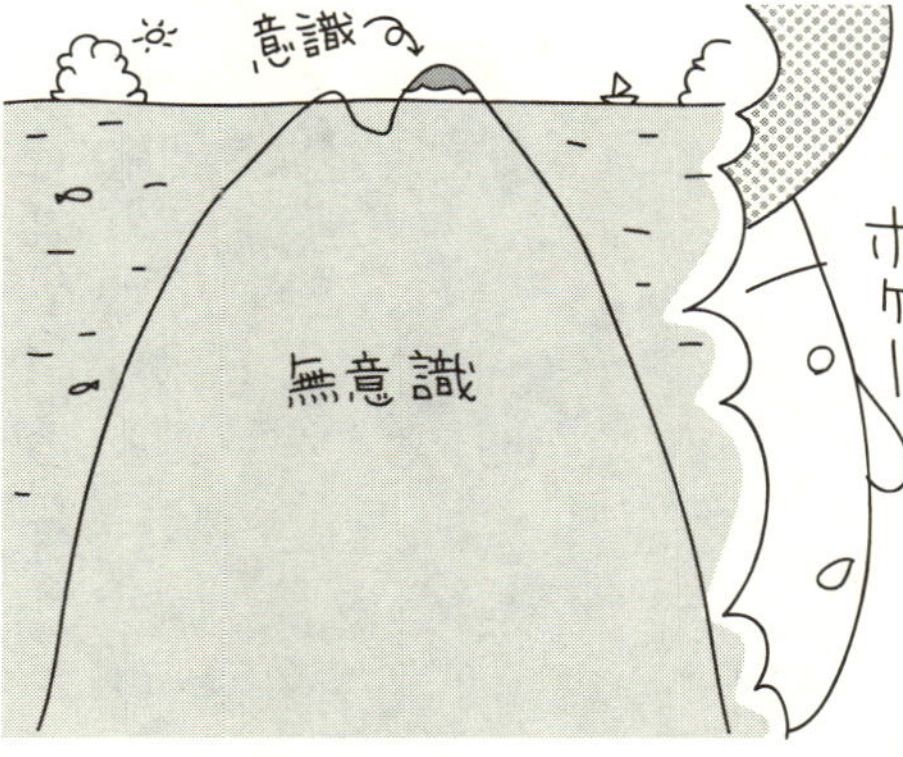

人は動かないというわけだ。

人は無意識の力によってどう行動するのか、その動き方を知ることは、みなさんの会話力だけでなく、人間としての魅力を高めることにも役立つであろう。

そして、この無意識にパワフルに働きかけるのが「暗示」なのである。

「暗示を上手に使えば、人間関係はもっとラクになる」

Prologue 2

人は「裏メッセージ」に敏感だ！

何気ない挨拶からホンネがこぼれる

たとえば、年配者に向かって、「いつまでもお若いですね」と話しかけるのは、間違いである。会話力のない人間は、平気でそんなことを口にするが、これが大間違いなのだ。

なぜ「お若い」と言ってはいけないのか。その理由は、年配者からすると、「もう若くない」とか「老けている」と宣告されているように感じてしまうからである。

「いつまでもお若い」というのは、「若くない」ことを暗示している。

読者のみなさんは、10代や、20代の人に向かって、「いつまでもお若いですね」などと言うだろうか。絶対に言わないであろう。私たちは、本当に若い人に対しては、「お若いですね」などと言わないのが普通なのである。

「お若いですね」と言われること自体、すでに「お若くない」ことの証拠なのであり、お年寄りは、そのことをよく知っている。だから、そういうお世辞や社交辞令を聞くと、ムカっとするのだ。

もし年配者の顔が険しくなったりすると、みなさんはあわてて否定し、「いいえ、お世辞で言ったんじゃないんですよ」などと取り繕おうとするだろう。

しかし、そのあわてぶりが、かえって相手には疑わしく思えてしまう。こうしてどんどん深みにハマっていくのだ。

このように、表面的な言葉の裏側には、相手に曲解されかねない意味が隠されていることが多い。だからこそ、昔から、「言葉には気をつけなさい」と言われてきたのだ。私が本書を執筆したのは、ある種の言葉やしぐさからは、思いもよらない意味が伝わることがありますよ、という警告をしたかったからである。

暗示コミュニケーションの主役は「表情」「声」「しぐさ」

もうひとつ例をあげよう。上司に何か命じられたとき、あなたが「はい、わかりました」と答えたとする。言葉の表面だけからすれば、文字通り、「了解しました」

の意味である。

しかし、自分でも気がつかないうちに、眉間にシワを寄せながらそう答えていたとすると、どうなるか。この場合、「はい、はい、もうわかったよ、うるせえなぁ」というような、上司を小馬鹿にしているニュアンスが暗示される。

そのため、上司はムッとして、「なんだよ、お前の態度は！」と怒り出す。言うまでもなく、悪いのは上司ではなくて、眉間にシワを寄せて答えたあなたのほうである。

顔の表情、声の調子、身振りなどは、当人のホンネを示すコミュニケーション、言うなれば、暗示コミュニケーションとして

の働きをする。

そして、**そういう暗示的な意味合いのほうが、表面的なやりとりよりもずっと大きな影響を及ぼす。**だからこそ、人と接するときには、単に「セリフ」に注意するのではなく、そのセリフの伝え方、表情などにも気を配らなければならないのだ。

「セリフよりも、あなたの表情、態度に細心の注意を払おう」

Prologue 3

気持ちを上手に伝えれば相手は動く

相手をリラックスさせるのが、心をつかむコツ

とにかく暗示コミュニケーションを使えば、人の心を即座につかんで、相手をスイスイ動かすことができるようになる。手順はとてもシンプルである。

相手の緊張をほぐし、安心させる。
心の武装をときながら効果的にメッセージを送る。

意外に感じるかもしれないが、人の心をつかむ最短の方法は、まずこちらから相手をホッとさせることなのだ。

この基本を頭に入れ、ステップを踏みながら核心に迫っていけば、いきなり自分の意見を主張したり、相手の心にズカズカと踏み込んでいったりして衝突すること

もなくなる。ガチガチのコミュニケーションは、もっとソフトで楽しく変わる。

「暗示」は好かれ、頼られるコミュニケーションスキル

コミュニケーションもスポーツと同様で、練習するうちにみるみる上達していくものだ。スキルを試す前と、試した後の小さな変化に気づいたときの喜びは、何ともいえずいいものだ。

本書はこんな人に役立つ一冊である。

- **自分の思いをうまく伝えたい人**
- **もっと人に好かれたい人**
- **人間関係を壊さずに、相手を説得したい人**
- **人の力を上手に借りたい人**

・後輩、部下をラクに指導したい人

誰でもきっと、自分が望むレベルまでコミュニケーションスキルを向上できる。スキルが上がれば上がるほど、面白いように不安が解消していく。

暗示と聞くと、人を惑わす〝アブナイ〟イメージを持つ方もいるかもしれない。だが、本書では、相手が前向きな気持ちで、行動を変えたくなるようなアプローチ法を紹介している。

すぐできて効果を実感できるので、毎日がより充実してくる。自分に自信がわいてきて、行動にもハリが出てくるので、ますます頼られる存在になっていく。

日々の会話のなかに暗示をさりげなく織り交ぜることで、あなたもいち早く、多くの人に影響力を与える存在になれるだろう。

「まずは、人を安心させるコツをつかもう。さあ、1章へダッシュ!」

1章

あらゆる場面で人に好かれる「安心感」の与え方

〈警戒心をとく暗示〉

1 「ノンバーバルメッセージ」で相手をホッとさせる

笑顔と挨拶で、人の気持ちは瞬時に和む

ノンバーバル（非言語）が発するメッセージは、体に直接、影響を及ぼすためか、言葉を超えた拘束力をもつ。

なぜか初対面なのに接しやすい人がいる。この人の言うことを聴いてみようと思わせる人がいる。こういうタイプは、必ずしも多弁であったり、言葉巧みなわけではない。相手を強引に説得してやろう、などという押しつけがましさもない。

むしろ、彼らはノンバーバルを使って「安心感」を与えるのがうまい。

挨拶ひとつでも、人の気持ちを瞬時に和ませることができるのだ。

リラックスした雰囲気が、穏やかな表情や声のトーン、身振りなど、全身からにじみ出ていて気持ちがよい。やわらかな雰囲気がジワッと伝わってきて、つられてこちらもニコッと会釈してしまう。

このとき、人は「こんにちは」「おはよう」などという、セリフに動かされるわけではない。相手が醸し出す安心感に自然と体が反応してしまうのだ。

だが、もしも相手がガチガチに緊張していたら、まず間違いなく、たわいない相手のように思ってしまう。また高圧的な雰囲気であれば、こちらも負けじと心のバリケードを強固にするだろう。どちらの場合も心の距離は縮まらない。

人の心をつかみたければ、ノンバーバルを上手に使って、まず自分から相手をホッとさせることである。不安な状態から解放してやることで、心を委ねたくなるからだ。

人に出会ったら、相手の目を見てにこやかに挨拶しよう。これで場の空気がパッと明るくなる。笑顔にメリハリをつけ、ハキハキとした快活な声を出すだけで人は「明るいな」「好感が持てそうだ」と思う。

こんな単純な動作にも「私は信頼に足る人物です」というメッセージを込めることができる。こ

れで、相手も何となく心が落ち着いてくる。

防衛本能を必要以上に刺激しないことで、心を開かせるフックができるのだ。

「笑顔と爽やかな挨拶で、心のバリケードをとく」

2 ひそかに「呼吸」を合わせるだけで一体感が増す

鏡のようにペースを真似するだけ

初めての人と会うときは、なんとなく肩に力が入ってしまうものである。

これが大事な商談ともなれば、「何とか優位に立たなくては」という思いが先立って、挨拶もそこそこにすませて、サッサと本題に入りたくなるかもしれない。

だが、焦ってはいけない。まずは相手の身振り、手振りなどから心境を読みとって、こちらも鏡のようにペースを合わせてみよう。

ボディランゲージによる「ペーシング」である。

ちょっとした行動のため、その影響力を疑問視したくなるのがホンネだろう。確かに、中途半端なやり方ではその効果は表れにくい。

だが、勘所を押さえればジワジワと効いていく「麻酔」のような効果がある。

やがて、相手の無意識は心地よい「一体感」を感じ始めて、赤の他人を旧知の仲

であるかのように錯覚するのである。

一般にボディランゲージにペーシングするときは、相手の表情、身振り、手振り、呼吸の仕方、声のトーン、スピードなどに合わせるとよいとされている。だが、プロのカウンセラーでもない限り、ここまで徹底するのは無理である。かえって気が散ってしまい、相手の心境を読むどころか、話すらまともに聴けなくなるのがオチだろう。

そこで、ある一点に「焦点」をあてることを勧めたい。

心の状態が最も表れる、「呼吸」である——。

深いリラックス状態にあるときは、自然にゆったりとした息づかいになるものだ。その逆に、焦っていたり心配ごとを抱えていたりすると、呼吸は浅くせわしなくなる。

肩のあたりを見れば、呼吸の状態は一目瞭然である。

息を吸ったときには上がり、息を吐けば肩が下がる。

相手はどんな速さで、どのぐらいの間隔で呼吸をしているだろう。それをひそかに真似てみるのである。

呼吸を合わせているうちに、しだいに「体のリズム」が合ってくる。

自然と話す速さやスピード、表情なども似てきて、相手も違和感を感じなくなるものだ。

何とも言えない居心地のよさを感じてしまい、ポロリとホンネを漏らしてもいいような気分になるのである。

「息を吸うタイミングを真似てみよう」

3 「共感サイン」で気持ちを盛り上げる

わかってくれる人は信頼される

知らぬ間に私たちは、相手の「聴く姿勢」を見て、その人との接し方、つき合い方を決めている。こちらの話の内容を理解していようがいまいが、うなづきながら、最後まで話を聴いてくれる人には好意をもつ。しっかり受けとめてくれている気がして、「この人、本当にわかってくれている」と思ってしまう。

相手の振る舞い方から「共感レベル」を何気なくチェックしているのだ。

一方、しっかりあいづちを打って聴いていても、表情が硬かったり、声の調子が弱かったりすると、「きちんと聴いていない気配」を感じる。これでは、いい気持ちはしない。

聴いている側の本意はどうあれ、身体レベルに表れる「負の暗示」は強力なのだ。乗り気でないサインをキャッチした相手は、「ホンネを言うのはやめておこう」

と思ってしまう。この好き、嫌いの判定を覆すのは難しい。「話を聴いているサイン」を出すことは、意外と重要なのである。

表情はややオーバーに、声は明るく

　ふだん、あなたはどのような受け答えをしているだろう。本当は共感しているのに、「そうだね」と小さな声で返したり、表情に変化をつけなかったりするだけで、相手に誤解されていないだろうか。

　人の気持ちをつかむには、自分でもオーバーだなと思うくらい表情を変えてみることだ。それでも相手から見たら不自然には感じないものである。

　笑うときは、あと1センチぐらい口角を上げてみる、目尻も5ミリほど下げてみる。こんなイメージをもつだけで、だいぶ表情は和らいでくる。

　声もしかりだ。相手が盛り上がってきたら、プ

レゼントを開けたときの子どものように、明るい声で応じてあげよう。そうすれば、相手の気持ちも盛り上がってくる。これで、いいのである。

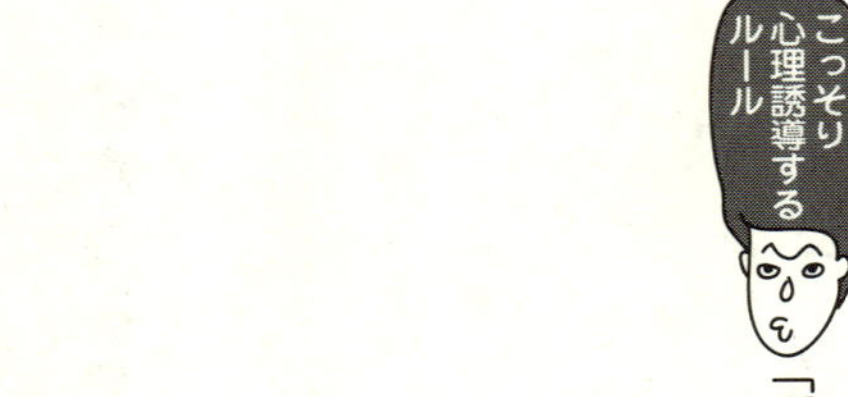

「瞬時に『芸人モード』になってみる」

4 120%好感度がアップする「あいづち」の打ち方

「へぇ」「ふぅん」レベルのあいづちなら、しないほうがマシ

今回は、あいづちが持つ暗示的な意味合いについて探ってみよう。

会話が盛り上がるかどうかは、あいづちにかかっている。あいづちは会話を生かしも殺しもするのである。

私の経験上、あいづちがヘタな人と会話をしなければならないのは拷問である。逆に、気持ちのいいあいづちをしてくれる人に出会うと、その日は一日中幸せな気持ちになれる。それくらいあいづちの持つ意味は大きいのだ。

あいづちは、あなたが、

・どれくらいマジメに相手の話を聴いているか
・どれくらい相手を好きか

・どれくらい相手に共感しているか

などの指標になる。

上手にあいづちを打つことは、「へぇ、あなたの話は面白いな。興味深いな。ねぇ、もっと聴かせてよ」というサインになるのである。

悪いあいづちの例は、へぇ、ふうん、そうなんだ、などの気乗りしないものである。こういうあいづちなら、しないほうがマシであるといえる。

米国ノース・キャロライナ大学のチェスター・インスコ博士は学生名簿からランダムに175人を選んで電話をかけ、ある実験に参加してもらったことがある。

学生を集めて二人一組で「有料テレビ」についての話し合いをしてもらったのだが、相手の学生（実は、サクラの人）が、どのようにあいづちを打つかを仕組んで、どれくらい好かれるのかを調べてみたのだ。

サクラの学生は、ある学生に対しては、話し合いにおいて「ふぅん」（ｈｕｈ）と、気のないあいづちを打ちつづけた。逆に、別の学生には「いいね」（ｇｏｏｄ）と好意的なあいづちを打ちながら話を聴いてあげたのだった。

すると、やはりというか、好意的なあいづちを打ってあげると、相手はその人のことを好きになることがわかったのである。

笑顔たっぷりのあいづちは、最高のプレゼント

一般に、聴き上手と呼ばれる人は、あいづち上手でもある。

あいづちを上手に打つポイントは、肯定的なあいづちをしてあげることである。いいね、あなたの話はすごく楽しいよ、という意味になるあいづちをしてあげればいいのだ。もちろん、笑顔たっぷりで微笑みながらあいづちを打ってあげれば、なおさら効果的であろう。

ふだん私たちは、何げなくあいづちを打っているので、それがどれほど重大な効果を持っているのかを考えもしないものである。

しかし、その持つ意味は非常に大きいので、決して軽視してはいけないのだ。

相手の話が退屈であるとき、私たちは、気のないあいづちを打ってしまいがちだが、**退屈な話を聞かされているときにも、やはり肯定的なあいづちを打ってあげよう。**

自分には興味がないからといって、なげやりなあいづちを打っていたら、相手だって気分が悪い。

しかもまた、気のないあいづちをしていると、自分では気づかないかもしれないが、あなたの姿を見ている相手の目には、あなたのホンネ（退屈や嫌悪）がはっきり見えてしまうものなのだ。せっかく話をしてあげているのに、そういう姿を見せられるのは、だれだって不愉快であろう。

「どんなときも、最高の笑顔であいづちを打ってあげる」

5 えらそうなしぐさ、卑屈な態度に注意！

今日からやめたい10のクセ

つい気づかないうちにやってしまうのが「クセ」である。

あなたには、こんなクセはないだろうか。人の話をえらそうに腕組みしながら聴いてしまう、「ハイ、ハイ、ハイ」などと適当にあいづちを打ってしまう、落ち着きなく貧乏ゆすりしてしまう……。

こんなクセは、間違いなく相手を不快にしている。一緒にいたくない、などと嫌われてしまっては、元も子もない。相手を不快にさせるクセを次に挙げておこう。

★嫌われる口グセをチェック

□返事をするときに「ウン」と応える
□「ですよね～」などとだらしなく語尾を伸ばす

□話すときに「そして」「〜とか」などを多用する
□あいづちを打つときに「ハイ」を3回以上言ってしまう
□話の途中で「なぜ?」「どうして?」などと尋ねて腰を折る

★不快な態度をチェック

□話すときに口を手で覆う
□髪の毛によくさわる
□腕組みしながら話を聴く
□アゴを30度ぐらい上げながら話してしまう
□笑顔のつもりでも目つきが険しい

もしも該当するクセがあれば、早急に直すことをお勧めする。一つひとつのクセはたわいないものだが、これらが積み重なると、しだいに相手の神経を逆なでしてしまう。

これまでに、話の途中で、相手がなんとなく視線をずらしたり、イライラと体を揺すり始めたことはなかっただろうか。レッドカードを出されないように、まずは、自分のクセに気づいて、不快感を与える行動パターンをなくすことである。

「すみません」が口グセの人は嫌われる

顧客、上司、取引先のように、強い立場の人間と話すときは、相手の気分を害してはマズイので、とりあえずへりくだっておこう、などと思うものである。

だが、ここで注意すべきことがある。それは、相手が間違っているときまでも、必要以上に頭を下げる必要はないということである。

- **相手が間違っていても、自分でかぶる**
- **顔色をうかがうように上目づかいをしてしまう**
- **会話の脈絡に関係なく「すみません」などと謝る**

こうした行為は卑屈に見える。同時に「自信がない」というメッセージとなり、ますます相手を尊大にするだろう。

明らかに相手が間違っているのであれば、「〇〇という件については」などと前置きしながら、事実をやんわり指摘しよう。全ての責任を負わせないことで、相手も事実を受け入れやすくなる。

まともな人なら、自分が間違っていると気づきながら、相手に責任を押しつければ罪悪感をもつものだ。だが、自分から謝るのはしゃくに障る。

こんなときに上手に助け船を出すことで、相手の心も軽くなり、「見どころがある奴だ」と一目置かれるかもしれない。

そもそも、人が嫌うのは、高慢すぎる人間か、卑屈な態度を取る人間である。どちらとも関わりあいをもちたくない。くれぐれも、そんなふうに思われたくないものである。

「自信がないように見える、負のメッセージを一掃しよう」

6 〝快活な声〟の人は、信頼される

ちょっと大きめの声で「自信」をアピールする

声は、小さいよりも、大きいほうがいい。大きな声で話すと、快活で、積極的なアピールができるからである。

「元気な男」というイメージを相手に伝えたいのなら、大きな声で話せばいい。そうすれば、「あの人って、男らしいよね」という評判を勝ちとるのも、そんなに難しくはないのだ。

声の大きさは、その人の「積極性を暗示」する。

どんなに内気で臆病な人でも、大きな声で話すようにすると、周囲の人は、あなたがまさか内気だとは思わない。

「私は内気ですから」と言っても、信用されないだろう。なぜなら、大きな声で話す人に内気な人などいないことを、私たちは経験的に知っているからである。

ボソボソ、モソモソと話す人は、自信がないように見える。本当は当人に自信があっても、他人には自信がなさそうに見えるのだ。

もし取引先の人間が発注した仕事を、「は…ぃ。かならず…仕上…げ…ますぅ…」などと、今にも消え入りそうな声で引き受けたとしたら、相手も大丈夫かなと心配になってしまうだろう。

人と話すときには、基本的に「ちょっと大きめの声」が理想だ。複雑な理論など知らなくともいいから、ともかく「ちょっと大きめで話すんだな」ということを理解してほしい。

声が小さいだけで「内気で臆病」だと思われる

Y・ローズという心理学者が行った実験によれば、68デシベル以下の小さな声で話をする人は、聞く人に、「内気で、臆病」というイメージを与えるそうだ。声が小さいだけで、おどおどしたイメージが相手に伝わってしまうわけである。

「なんだか煮え切らない奴だな」とか「大切な仕事を任せられないな」と思われたくないのなら、小さな声でしゃべるのをやめよう。

なお、同じ実験によると、76から85デシベルくらいの声（ちょっと大きな声）で話すと、前向きで、快活で、積極的なイメージを与えることもわかっている。これくらいの音量で話せば、あなたの言っていることは、すべてはっきりと相手に聞こえる。

元気な人には、大切な仕事を任せたくなる

とはいえ、あまりに声が大きすぎるのもよくない。

同じくローズの実験によると、86デシベル以上の大声で話をすると、今度は、「攻撃的すぎる」との理由で嫌われることも判明したからである。

やはり、「ちょっと大きな声」くらいが理想的だと覚えておいてほしい。

「えっ、今何て言ったの？」と相手に聞かれることの多い人は、声が小さすぎることが多い。わが身を振り返ってみて、そうやって聞かれることが頻繁にあるのな

ら、もっと大きな声で話すクセをつけたほうがいいわけだ。

「○○さんは、元気な声で話すんですね」

「○○さんの声は、どこにいても聞こえますね」

相手にそう言われるのは、間違いなくホメ言葉だ。

「ええ、声の大きさだけが自慢なんですよ。他に自慢できるものがなくて、アハハハハハ」と大きな声で返事しておこう。

心に不安を抱えていても、大きな声でしゃべっていれば、何の悩みも抱えていない人間であるかのように見せかけることはできるのだ。

「お客さんや取引先とは、ちょっと大きめの声で話をする」

7 要点だけを「さらりと手短に」話せ

短いメッセージほど記憶に残る

あまりにも有名になったので、読者のみなさんも「サブリミナル・メッセージ」という言葉をどこかで聞いたことがあるかもしれない。

映像にまぎれて、ほんの一瞬だけ、「コーラを飲みなさい」といった文章が流れると、なぜかコーラが飲みたくなってしまうという現象がそれである。

サブリミナル・メッセージが効果的に働くためには、ある条件をひとつ満たすことが必要だと言われている。それは、**〝できるだけ短く提示する〟**ことである。見ている人に気づかれないように、短く見せるのでなければ、サブリミナルの効果はあげられないのだ。

たとえば、オランダのグローニンゲン大学で行われた研究によると、120ｍｓ（ｍｓは1000分の1秒）でサブリミナル・メッセージを伝えるときより、その

3倍も短く、40msで提示したときのほうが、相手をうまく説得できることが報告されている（D・ステイペル博士による）。

今日から10秒で用件を話せ

サブリミナル・メッセージにかかわらず、普通の会話にも同じようなことが言えるのではないだろうか。つまり、**15分も20分もかかってくどくどと説教するよりは、10秒くらいで、ぱっと話を切り上げたほうが、かえって相手も納得してくれる**のではないかと思うのだ。

「いいかい？　落ちているゴミを拾うのは、工場をキレイにするという観点からも、社会人としての良識の点からも非常に大切なことなんだ。そもそもわが社の理念のひとつには……」などと説教するより、

「今度から、ゴミを見つけたら拾っとけよ」

この一言でさらりとすませたほうがいい。

サブリミナル・メッセージは、できるだけ短く提示したほうが効果的であるが、同じことは日常会話にも当てはまるように思えるのだ。

結婚式などで長いスピーチを聞かされ、うんざりした経験が一度や二度はあると思うが、私たちは長ったらしい話を聞かされるのは、非常に迷惑なのである。そういう迷惑を自分もかけないようにしたい。

「話は短く、さっさとまとめること」

この原理を守るだけでも、あなたの話力はずいぶんとアップするはずである。舌足らずになっては当然困るのだが、言わなくてもいいことまで念を押したりする必要は全然ないのである。

リンカーンの名演説もたった2分！

１８６３年の秋のことである。アメリカのゲティスバーグに、南北戦争の戦死者のための国営基地がつくられ、その奉献式が行われた。教育家として、また雄弁家として有名なエドワード・エバレットは、その式の主賓として招待されており、そこで2時間にわたるすばらしい演説を行った。

それにつづいたリンカーンの演説は、たったの2分間。ところが、この演説こそ、のちに名言中の名言となった、「人民の、人民による、人民のための政治を地上から絶滅させないために」という演説であった。リンカーンの演説のほうが歴史に残ったのは、私たちが簡潔な話のほうを好むという証拠である。2時間の話より、2分の話のほうが、私たちの耳には、ありがたいのだ。

「印象的なキーワードをちりばめながら簡潔に話す」

8 訪問先では「帰る時間」を匂わせておけ

「長居されたくない」というのがホンネ

私は、自宅で仕事をしているのだが、基本的に自宅に人を招くことはしないようにしている。仕事上の打ち合わせをするときには、必ず、自分から出かけていく。それというのも、他人を自宅に呼ぶと、いつ帰ってくれるんだろう、ということばかり頭に浮かんでしまうからだ。

来てくれた人に対して、「いつ帰るんですか？」とは聞きにくい。そういう質問をすること自体、相手を歓迎していないことの証拠になってしまうからである。

「いつ帰るんですか？」は「さっさと帰れ」の意味を濃厚に伝えてしまう。 何度か会ってみて、腰の重い人だと思うのなら、自分から出かけていくことにしたほうがいい。なぜなら、自分が訪問者であれば、自分が帰りたくなったときに、おいとまることは難しくないからだ。

相手を安心させる「ちょっとした一言」

今回は、自分が訪問者になったときに、相手に余計な気遣いをさせないためのテクニックを紹介しておこう。

相手も、実のところ、あなたがいつ帰ってくれるのかが気になっている。

だから、そういう余計なことに気を遣わせないためには、最初の段階で、「帰る時間」を匂わせてしまう話法が有効であろう。あなたが帰る時間を伝えてしまえば、相手は安心して、あなたとおしゃべりできるからである。

たとえば、

「本日は、〝1時まで〟お邪魔してよろしいですか？」

と最初に切り出してしまうのだ。

あなたがこうやって最初に伝えておくと、相手は、「ああ、この人は1時には帰ってくれるんだな」という心の準備ができる。相手に心の準備をさせておけば、余計な気遣いをせずに、あなたとの話に集中してくれる。

あるいは、お茶を出されたときにあわせて、

「どうかおかまいなく。〝4時ごろ〟には失礼いたしますので」


というように、帰る時間の目安を伝えるのもいい。こうやって、余計な心配をさせない配慮をすると、品のよさを感じさせる。

あらかじめ帰る時間を暗示しておくと、自分から「そろそろ、おいとまします」と切り出したときに、「まだよろしいじゃありませんか」とか「コーヒーをもう一杯飲んでいかれたらどうですか?」などという、相手からの〝引きとめ〟にもあわなくなる。なにしろ、あなたは帰る時間をすでに伝えているのだから。

もし引きとめられたとしても、「いや、最初にちょっとお話したように、3時から別件の仕事を抱えておりまして」で、さっさと逃げ帰ることができる。

もちろん、帰る時間を最初に伝えてしまったからといって、その時間まで我慢して粘る必要もない。

話がスムーズに終わってしまったときには、さっさと帰ってあげたほうが、相手にとっても嬉しい。ともかく長居しすぎないことに注意しよう。

「余計な気遣いをさせないために、前もって帰る時間を伝えておく」

2章

この「同意ムード」で相手はNOと言わなくなる！

〈乗り気にさせる暗示〉

9 「暗示効果」が倍増するタイミングを逃さない

「心の状態」が暗示効果を左右する

人にモノを言うときには、「今、相手はどんな状態なのかな?」という点をよく判断してからにしよう。

相手の気分がよさそうなら、あなたの話も聞いてもらえるし、怒っているのなら話はまた別の機会に譲ったほうがいいのは自明の理だ。

たとえば、出勤時に、ハトに糞を落とされたり、痴漢に間違えられたり、階段でつまづき、転んでしまって大恥をかき、朝からぷんぷんしている上司に向かって、

「来週、有給休暇をとらせてもらえないですかね?」

などと頼んでも、怒鳴られてオシマイである。このタイミングでは、どんなに頭を下げてもダメであろう。

怒っている相手は、自分の感情すら持てあましており、他人の話に耳を傾ける心

の余裕がなくなっているからだ。

人に暗示をかける絶好のタイミングは、相手がウキウキしているような状態である。

宝くじが当たったとか、息子が運動会のかけっこで一等賞をとったとか、娘の結婚が決まったとか、要するにそういう快状態にあるときほど、あなたの言い分はすんなり受け入れてもらえる。

もし、上司がそういう状態なら、

「有給とらせてください」

と頼んでも、

「おう、たっぷり休めよ。休むのも大切なことだからな」

とやさしく言ってもらえるはずだ。

状況を的確につかむのは、暗示をかけるときに絶対に必要なことなのである。

双方とも「ウキウキしている」ときがベスト

相手の状態だけでなく、自分の状態もよく知っておこう。

たとえば、あなたが仕事に忙殺されていて、イライラ、キリキリしているとする。そんな状態で人と話そうものなら、おそらくあなたの言葉も刺々しくなっていたり、皮肉っぽくなっていたりして、相手といらぬ口論を巻き起こすのがオチである。だから、自分が忙しかったり、眠かったり、疲れているときには、あまり人と接点をもたないほうがいいのだ。

カナダにあるビショップス大学のスティーブ・ハーベイ博士は、107人のビジネスマンを対象にして、どのようなときに人間関係が衝突を引き起こすのかを調べてみた。口論したり、乱暴な扱いをしたり、文句を言ったり、八つ当たりをするのが増える状況が、いつ起こるのかを知ることが、この調査の目的である。

すると、仕事の勤務時間が長くなるほど、つまり仕事が忙しくなるほど、人間関係の衝突が頻発することがわかったのである。私たちは、疲れてくると、どうも自分でも知らぬ間にギスギスしてしまうようだ。

もしあなたが忙しいなら、人と話すのは避けたほうが無難である。不用意な発言で、相手とケンカをするのがオチだからだ。相手とおしゃべりするのは、こちらもウキウキ、あちらもウキウキしている状況を狙おう。

雑誌の編集部、とりわけ忙しい週刊誌の編集部では、締切前になると、みんなが殺気立っていて、信じられないほど人間関係が刺々しくなっている。忙しいときには、心の余裕がなくなっていて、人の話を聴いてくれないのだ。これは雑誌の編集者に限らず、どの会社でもそうだろう。決算期などの忙しい時期に、人にモノを頼んだりするのは、避けたほうがよさそうだ。

「自分も相手もノッているときに、頼みづらい話をする」

10 〝ホメの一手〟で「快ムード状態」をつくれ

「ムード効果」と「暗示」の関係

私は、最近あまり講演の依頼を引き受けない。原稿を書いているほうが楽しいし、大勢の人の前で話すのも、あまり好きなほうではないからである。

しかし、そんな私も、ついつい講演を引き受けてしまうことがある。

原稿を書き終えたばかりで、ウキウキしている状態のときだ。

仕事が片づくと、非常に心がスッキリしている。こんなときにたまたま依頼されると、「ああ、いいですよ。謝礼？　そんなもん、いりませんよ。アッハハハ」と胸を叩いてしまうのだ。

私たちは、快適なムード状態にいるときには、だれにでも心を開き、親切な心を持つものなのである。これを「ムード効果」という。

とにかくホメまくるのが正解

人にモノを頼んだり、言うことを聞いてもらいたいときには、ムードのよい状態を選べ、というアドバイスはすでにしたが、ただ待っているだけではいつまでも相手がそういう状態になってくれないかもしれない。

しかも、待っている時間がもったいない。そんなときには、あなたが相手のムードをよくしてしまえばいい。これなら待ち時間が大幅に省ける。

では、どうやって相手のムードをよくすればいいのか。

一番の方法は、〝ホメ殺し〟である。とにかく相手をホメまくれば気分をよくしてくれるのだ。私たちは、だれでも他人にホメられると単純に嬉しいからである。

速攻でOKしてもらえるホメ方

ノース・キャロライナ大学のデビッド・ドラックマンは、124名の男子学生にある作業をさせ、とにかくさかんにホメるという興味深い実験をしている。

ある学生には、作業が終わったところで、すぐにホメまくってみた。

「すごいなぁ。よくできるなぁ。俺にはできないなぁ。しかも早いよなぁ。頭がいいんだろうなぁ。なんだか尊敬しちゃうなぁ」

という具合である。

すると、こうやってホメられた学生は、とても気分がよくなったのである。そして、そうやってホメてくれる人のことを好きになったのだ。

どうせ相手に暗示をかけたいなら、快ムード状態にあるときを狙おう。

しかし、もし相手がそういう状態にないのなら、あなた自身が相手をホメまくって、快ムード状態にさせてしまえばいい。ホメているだけで、あなたは相手からも好かれるので、ぜひこれを試してほしい。

時折、ホメられることに慣れていない人は、謙遜《けんそん》してくることもある。「そんな……ホメすぎですよ」「もう止めてくださいよ」などと。しかし、そんなときに相手の言葉を鵜呑みにして止めてしまうのは早計だ。

相手は、表面上は、恥ずかしがったり、照れたりするのだが、心の中では嬉しさは感じている。だから、もっと、もっとホメてあげるのが「正解」なのである。

「いやいや、ご謙遜を。私はただ、自分の〝正直な気持ち〟を言っているだけなんですから！」

と、さらにホメ言葉を重ねていけば、相手のムードは格段によくなる。そういう状況になったら、「ところでさ……」と頼みたいことを頼めばいいのだ。

「ベタボメしたあとで、頼みごとを切り出す」

11 「……だったろ？」と決めつけて話す

記憶に自信がある人は、ごくわずか

私たちの記憶は、とてもあやふやだ。たった1時間前のことでさえ、はっきり思い出せないのが普通である。

その日にあった出来事は、95％以上忘れてしまうのが人間の記憶のメカニズムである。

そのため、相手に誤った記憶を植えつけることなど、実はとても簡単なのである。**断定的に決めつけた話し方をしていれば、相手も自分の記憶に自信がないので、「ふぅん、そうだったっけ」と思い込んでくれるようになるのだ。**

「覚えていないかもしれないが、お前は、俺のことをホメてくれたんだよ」

「えっ、いつ？」

「忘れちゃったのかなぁ。もう10年も前のことだからなぁ。でも、俺は嬉しかったから覚えているんだよ。俺のことを『一番尊敬してる』ってたしかに言ってくれたんだ」

「へっ？　う、ううん、そうだっけなぁ……」

「そうなんだよ！　お前にとっては、軽い一言だったかもしれないけどさ。俺は嬉しかったから、いいんだよ！」

「……そういえば、そんな感じのことを、少しは……言ったかもしれないな……」

「たしかに、そう言ったんだよ！」

どうだろう。こうやって誘導していけば、相手の記憶を誘導することなど、簡単にできることがわかるのではないだろうか。

もうひとつ例を出そう。

「なんだか、今の仕事って、量ばかり多くてさぁ、イヤになっちゃうよ」

「何言ってんの？　お前、この仕事をやらせてください、って自分から頼んでたじゃん」

「ええっ!?　そうだっけ？」

「そうだよ、正確にどういうセリフだったかは俺も覚えていないんだけど、たしかに、そんな感じのニュアンスのことを上司に話しているのを聞いたぞ」

「うう~ん、はっきりとは、思い出せないなぁ……」

「たぶん、自分の力を誇示したかったんだと思うけど、間違いなく、そう受け取られても仕方がないことを言っていたぜ。だから、この仕事をまかされたんだよ。頑張ってみろよ!」

「そうなのかなぁ……そうなんだろうなぁ……」

「そうなんだよ!」

人の記憶を操作することなど、実にたやすいのである。

誤った記憶を「埋め込む」のは簡単

アリゾナ大学のブレイナード・レイナは、60の単語を記憶させた後で、教えた単語とは違う単語にすり替えて、「これは簡単だったから、覚えているよね?」という具合に決めつけて確認するという実験をしたことがある。

すると、学生たちに誤った記憶を埋め込むことが、実に容易であることが判明した。

しかも驚くべきことに、1週間後に、彼らの記憶をもう一度テストしてみると、彼らは、実験者がすり替えた違う単語のほうを、本物の単語以上に、よく記憶していることもわかった。インチキの記憶を、本物の記憶以上によく覚えていてくれたのである。

私たちの記憶は、とてもあやふやでいいかげんである。コンピュータのように、すべてをきちんと保存するようなことはできない。だから、他の人から、決めつけた話をされると、そちらを信じ込んでしまうのである。

「俺は、お前に500円のお金を貸した！」と相手が自信を持って言ってきたら、決して借りた記憶などなくとも、「500円くらいなら、借りたのかも……？」と不安になるであろう。

私たちは、こういう暗示にとても弱いのだ。

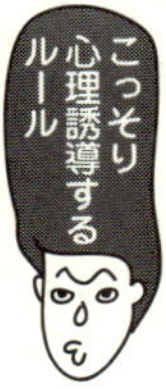

「心に埋め込みたいフレーズは、自信たっぷりに伝えてみる」

12

暗示をかけるときは、少なくとも「3回」はくり返せ

プラスの言葉なら、じゃんじゃん心に刷り込んでしまおう

人に暗示をかけてしまいたいときには、少なくとも3回は同じセリフをくり返そう。「お前は伸びる！」と一度だけ言ってあげても、相手は半信半疑である。

あなたが上司だとして、部下の才能を伸ばしたいのなら、「お前は伸びる！」と一度言ったくらいでは、あまり効果がないのだ。

暗示をもっと有効にしたいのなら、同じセリフを少なくとも3回はくり返さなければならない。

「お前の才能は、まだ発揮されていないだけなんだ」
「お前の潜在能力は、これからぐんぐん伸びるぞ」
「俺は、お前が伸びていく姿がありありと目に浮かぶんだ」

せめて、これくらいはやらないとダメである。

くり返すほど、「絶対的事実」だと勘違いする

もし私に好きな異性がいるとして、「あなたを愛しています」などと一度くらい言っても、「からかわないでくださいよ」と一笑に付されてオシマイだ。どんなに心を込めてみても、一度ではダメなのである。

しかし、3回くり返すとどうなるか。この場合には、あとからじわじわと効いてくる冷酒と同じように、あとから効いてくるボディブローと同じように、相手は私の言葉を信じるようになる。**「3回も言ってくれるってことは、本当なのかな？」と思うものなのだ。**

ケント州立大学のマリア・ザラゴザは、とても興味深い実験を行っている。255名の大学生に、5分間の強盗場面のビデオを見せたあとで、そのビデオの中ではまったく見られなかった行動を暗示によって彼らの記憶に埋め込んでみたので

ある。

たとえば、実際の犯人は手袋などしていなかったのに、「あの手袋をはめた犯人なんですが……」とか、そんな犬はいなかったのに、「吠えている犬がいたと思いますが……」と、暗示話法によって、インチキな記憶を植えつけてみたのである。

ザラゴザはまた、暗示を1回だけする場合と、3回する場合とで、1週間後に彼らの記憶がどれくらいゆがんだのかを調べてみた。

すると、**暗示を3回くり返すと、学生の記憶が6倍以上も強くゆがむ**ことがわかったのだ。「あの手袋をした犯人が……」「犯人は手袋をしていましたけれども……」「犯人は指紋を残さないために手袋をしていたと思いますが……」などと。

3回も暗示をかけられると、私たちは、それを絶対的事実だと見なしてしまうのである。どんなにインチキな暗示であれ、3回はやってみるとうまくいく。3回もやれば、さすがに相手はあなたの言葉が本当だと思ってしまうのだ。

信頼も3人のウソで覆えされる

昔の中国での話である。親孝行で有名な息子のお母さんが、人づてに、「お宅の息子さんが、どこかの町で人殺しをしたみたいですよ」と聞かされた。もちろん、お母さんは笑って聞き流した。息子がそんなことをするはずがないことを、よく知っているからである。

ところが2番目の別の人から、「息子さん、人殺しをしたそうですね」と聞かされると、母親はさすがに不安になってきて、3番目の人が、「どうもお宅の息子さんが、人殺しをしたことは間違いないようです」と話したときには、とばっちりを食らって自分まで役人に捕まるのを恐れて、あわてて逃げ出したという。

実際は、その息子は人殺しなどしていなかったのだが、そして母親も息子を信頼していたのだが、3回も同じことを言われると、さすがに信じられなくなるという逸話である。

「こんなことを言っても信じてもらえそうにない」と思っても、少なくとも3回はくり返そう。そうすれば、あなたはどんな人をも暗示にかけることができるはずだ。

「とくに伝えたいアピールポイントをくり返し聞かせる」

13 ポジティブに話すと「賛同」を得やすい

ケンカを売るようなメッセージでは効果がない

この前、公園を散歩していたら、ある立て札に目が止まった。

「たき火禁止、ゴミを散らすな」と書かれている。

普段なら、どうということもなく通り過ぎてしまうのだが、よく考えてみると、非常に居丈高な文句で、公園にやってきた人たちを侮辱しているように感じられる。

その理由を自分なりに考えてみると、「〜するな」という表現が気に障ることがわかった。大人が子どもを叱りつけるような上からの物言いが気になるのである。

まるで、お上がつくったありがたい公園に対して、庶民のお前らは感謝しろ、と言わんばかりではないか。

もし私が立て札をつくるとしたら、おそらくは、もっとポジティブなニュアンスを伝えるものにするだろう。「緑の芝生をこころゆくまで楽しんでください」とか「自然の草木をたっぷり堪能してください」と書く。

このような立て札のほうが、公園の利用者はずっと嬉しい。あくまでも利用者の目線で物事を考えなければならない。

人はどうせなら、明るい未来を描きたいもの

天気予報も、その伝え方が間違えていると私は思っている。たいていの天気予報は、降雨予想になっていて、晴天予想ではない。

なぜネガティブな方向で予測するのか、不思議である。

「雨が降る確率は20％です」ではなく、「気持ちよく晴天になる確率は80％です」のほうが、ずっとポジティブではないか。私は、そういう天気予報を聞きたい。

ニュースでは、事故があったときに、その事故がセンセーショナルであるという暗示をかけたいのか、概して、死傷者のほうに目を向ける。

「10人が遭難して、３人が行方不明になりました」という具合である。

これなども、「10人中７人が、迅速な救助の結果、生命を救われました」と言っ

たほうが好ましいのではないか。

追試を受けた生徒の答案用紙を返すときに、「不合格。再追試」とそっけなく伝える学校の先生は、絶対に好かれない。ネガティブな面だけを取り上げているからである。それよりは、「前回は30個も誤りがあったのに、今回は3つだけだったぞ」と励ましてくれる先生のほうが、ずっと気持ちがいい。

物事には、ポジティブなものと、ネガティブなものの両面があるのだが、**人に伝えるときには、ポジティブな物言いのほうが好まれるという原則がある**ことを覚えておこう。この原則は、きわめて一般的なものであるが、ついつい忘れがちでもあるから、注意してほしい。

「ネガティブな感情」は人を疲れさせる

ついでにいうと、人と話をするときには、〝ネガティブな感情をつけ加えない〟という原則を守ってほしい。

たとえば、「今日は蒸しますね」はまだ許せるが、「今日は蒸してイヤになりますね」はよくないのである。そういう発言は、相手にも湿度の高さを意識させること

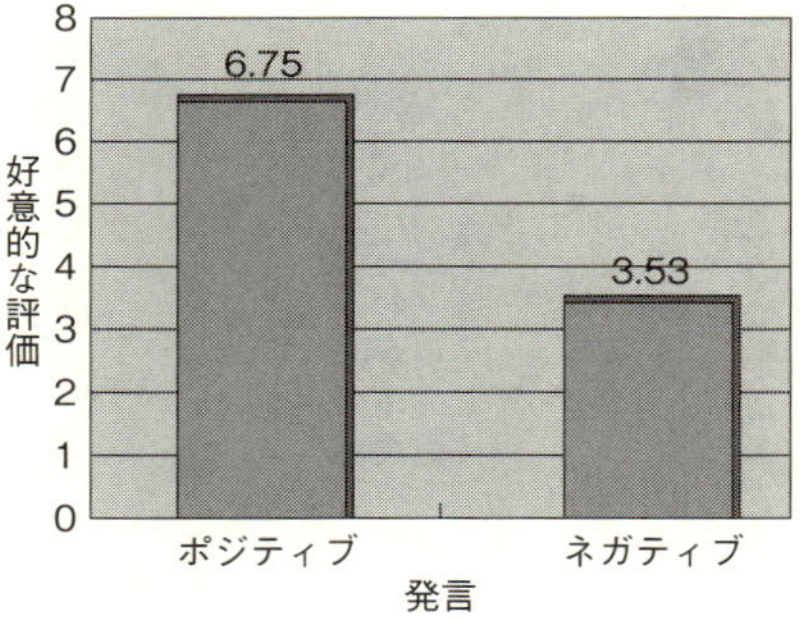

図：ポジティブなことを口にするほど、好意的な評価を受ける
＊数値は 11 点満点。11 点に近いほど、好かれたことを示す。
（出典：Herr, P. M., et.ai., 1991）

になって、暑苦しさを倍増させてしまうからだ。

言葉を口に出すときには、できるだけポジティブな物言いをしよう。そのほうが、あなた自身もポジティブな人間として評価してもらえるようになる。

単なる演技でも、ポジティブ発言だと好かれる

インディアナ大学のポール・エールは、ポジティブな発言をする人と、ネガティブな発言をする人が、それぞれどれくらい好かれるのかを比較したことがある。

エールは、４人から６人のグループを作らせて、ある新製品のパソコンについて話し合わせたのだ。

その際、サクラの女性が、「このパソコンはとても使いやすくて、全然問題ないんですよ」とポジティブな発言をする場合と、同じ人物が「このパソコンはとても使いにくくて、問題だらけなんですよ」とネガティブな発言をする場合とで、他のメンバーからどれくらい好かれるのかを調べてみたところ、前ページの図のような関係が見られたそうだ。

この図からわかるように、**ネガティブな発言は他人から煙たがられる**ようである。そんな発言ばかりしていると、誰からも相手にされなくなってしまうので注意してほしい。

「前向きな発言で、周囲を明るい気持ちにさせてあげる」

14 出会った人すべてに好かれる「微笑み方」

人脈が自然に広がっていく簡単な方法

私たちは、いつでもにこにこと微笑んでいる人が大好きである。ここに例外はない。むっつりしている人が大好き、という人は絶対にいないはずである。

私たちは、笑った顔を見るのが好きなのであり、どうもこれは人間にとっての生得的な傾向らしい。

生まれてすぐの赤ちゃんに、笑った顔のお面と、怒った顔のお面を見せると、笑った顔のお面のほうをよく注視するというデータもある。私たちは、笑った顔を見るのが好きなのだ。

人に好かれるコツは、難しくもなんともなく、ただ微笑んでいればいいのである。あなたが微笑みを絶やさなければ、自然と人脈も広がっていく。あなたがどんな頼みごとをしても、相手は聞いてくれる。なぜなら、相手も笑顔を絶やさないあ

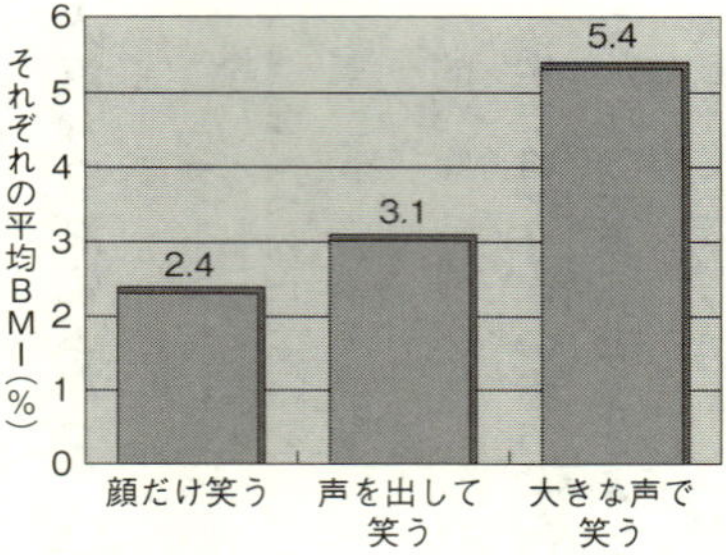

図：よく笑うほど、経済的に豊かになれる

＊BMIは、一般に肥満の尺度として利用されるが、この場合には、経済的な豊かさの指標として使われている。

＊笑顔については、「顔だけ笑う（smiled）」、「声を出して笑う（smiled＋laughed）」、「大きな声で笑う（smiled＋laughed openly）という３段階で分析されている。

（出典：Godoy, R. et al., 2005）

なたの虜になってしまうからだ。

実際、経済的に裕福な人ほど、よく笑うということを示すデータも存在する。面白いデータなので、ちょっとご紹介しておこう。

米国ブランダイス大学のリカルド・ゴドイ博士は、南アメリカ大陸中央部の、ある貧しい村でインタビューを行い、そのインタビュー中に彼らがどれくらいにこにこと微笑むかの回数を数えてみた。

またその一方で、彼らの体重（BMI）を測定させてもらった。ゴドイ博士は、「よく笑うほど、経済的に豊かで、体重も太っているだろう」という仮説を立てたのである。この調査をした村では、ほとんどの村人が漁業に従事しているのだが、お金持ちで豊かな人ほど太っていたのである。

さて、インタビュー中の彼らの微笑みと、彼らの体重には、前ページの図のような関係が見られた。まさしく当初の仮説どおり、よく笑う人ほど太っていることに注目してほしい。運命の女神は、にこにこ微笑む人が大好きで、そういう人に富をたくさん分け与えてくれるらしい。笑えば笑うほど、その当人に幸運をもたらしてくれるのだ。だからこそ、いつでもにこにこと微笑みを絶やさないように、と私はアドバイスしたい。

ゴドイ博士の調査からわかるように、一口に「笑う」といっても、小さな笑いでは効果が小さい。**大きく笑うのがポイントである。こぼれんばかりの笑顔で、実際に声を出して笑うのがコツである。**小さくニヤリと笑うだけだと、相手をバカにして見えることもあるので気をつけよう。

「生き生きした笑顔でいれば、自然と人が集まってくる」

15 「説得」するより「行動」で示せ

最高の説得材料は「言行一致」

暗示といえば、「言葉」によるものと、一般に思われているが、これは違うのだ。人を動かしたいと思うとき、「言葉」に頼っているようでは、まだまだである。本当に人を動かすのがうまい人は、言葉なんかに頼らなくともうまくやれるのだ。

子どもは、親の「背中を見て育つ」と言われるのは、言葉によらない影響力を受けるという意味である。親がどんなに子どもに「勉強しろ！」と言ったところで、肝心の両親が床をゴロゴロしてテレビばかり見ていたのでは、子どもが言うことを聞いてくれるはずもない。

従業員に、「会社の備品を盗むな！　ボールペン1本でも盗んだら、それは窃盗だぞ、犯罪だぞ」などと警告しても、他ならぬ自分自身が、会社の経費をじゃぶじゃぶ使ってお酒を飲んでいたら、何の説得力もない。

言葉以上に影響力があるのは、自分の行動である。相手は、あなたの言葉ではなく、行動を見ているのだ。

子どもに勉強をさせたいなら、まず自分自身が何か勉強している姿を見せなければダメである。そういう姿を見せるからこそ、子どもも、「お父さんと同じことをしてみようかな」と思うのだから。

従業員の窃盗をやめさせたいなら、まずは自分が率先して会社の備品を大切にするところを見せたり、会社のお金では絶対にお酒を飲まないという姿勢を打ち出さないとダメなのだ。

オランダにあるアムステルダム大学のヴァン・デン・プッテ教授は、チョコレートバーをいろいろな仕方で推奨する広告を実験的に作ってみて、どういう戦略で説得すると一番説得力が高いのかを比較したことがある。

この実験では、「このチョコレートは、みんな食べているよ」と社会性に訴える広告を見せたときには、8％の人しか好意的に反応しなかった。次に、「このチョコレートは、とてもおいしいよ」と利益に訴える広告を作ってみると、19％が好むことが判明した。

もっとも効果的だったのは、説得らしい説得などをせず、自分がおいしそうにムシャムシャ食べている場面だけを見せる方法であった。この場合、42％の人がそのチョコレートバーに好ましい評価を下したのだ。**自分がおいしそうに食べていれば、それを見た相手も食べたくなる。**

この実験でわかったのは、人を説得しようとする場合、「ああしろ、こうしろ」と口を出すよりは、まず自分が率先してそういう姿を見せることのほうが、はるかに説得効果が高い、ということだ。

余計な口をきかなくとも、自分の行動で示せばいいのだ。

私たちは、ともすると、言葉だけで人を何とかしようとしていないだろうか。言葉で相手を言いくるめようとしても、あなたが矛盾するような行動をとっている場合、相手は決してそれを受け入れてくれないだろう。普段から言行一致につとめることは、非常に大切なことなのである。

「自分の行い以上のことを、相手に求めるのはナンセンス」

16 心から信じてＹＥＳを引き出せ！

私が釣り仲間を増やせた理由

私は、説得学が専門であるが、もし私が「ゴルフの素晴らしさ」についてだれかを説得してくれ、と頼まれたとしても、おそらくはできないだろう。

なぜなら、私はゴルフにさっぱり興味がないからである。自分でも信じていないようなことを、他人に信じさせることは難しいというより、不可能である。

私は、海釣りの素晴らしさや、昆虫採集の楽しさなどを、そういうことに全然興味がない人にも説得することができると思う。

説得すれば、「私もやってみたいな」と言わせることもできるだろう。

なぜなら、そういうテーマは、自分の大好きな趣味であるだけに、だれにも負けないほど熱っぽく語ることができるからだ。私は、生まれてから釣りをしたことがない人を、私の釣り仲間に引っ張り込むことに成功したことがある。

夢中で語る勢いに圧倒される

話が少しずれてしまったが、私が言いたいのは、他人に暗示をかけようとか、言うことを聞かせようと思う前に、**まずは「自分が心底からそれを信じてみろ」ということなのである。**

「自分の業務は、途中で放り出すな！」とうるさいほど部下に語っている上司が、そんなことを、本当はちっとも信じていないとしよう。

その証拠に、彼は定時になると、まっさきに帰ってしまうとしよう。そんな上司の言葉を、部下が信じられるだろうか。本人が信じてもいないことを、部下に期待するのは酷というものだ。

「うちの車はいいですよ」と言っているトヨタのセールスマンが、出勤するのに他社の自動車に乗っていたらどうだろう。お客さんは、そのセールスマンから自動車を買いたいと思うだろうか。

私たちは、自分で信じていることなら、だれでも熱っぽく語れるのである。**自分が本気で信じているから、その言葉には〝勢い〟も乗る。そういう勢いで、相手を圧倒することができ、結果として、言うことを聞かせられるのである。**

自分が信じていれば、つい早口になっておしゃべりしてしまうものだが、そういう勢いは相手にも伝わるものだ。

早口の意外な効能

南ジョージア大学のステファン・スミス博士の実験によると、1分間に180ワードで普通に話すときより、220ワードの早口で話をしたほうが、相手に信頼されやすいという。自分が信じていることを話すと信じてもらいやすいのは、おそらく口がよく回るからであろう。

セールスのテクニックがどうの、暗示の話術がどうのという前に、自分が話す内容について、自分自身が本気で信じてみよう。

心から信じることができれば、あなたの言葉には、まるで神様が乗り移ったかのように、目に見えない勢いが出てくるはずだ。そういう勢いが、相手の心を動かすのである。

くり返しになるが、自分でこれっぽっちも信じていないことを、他人に信じてもらおうというのは、虫のいい話である。そんな話には、だれも聞く耳を持ってくれないことをお忘れなく。

「信じていることを熱っぽく語れ！」

17 人は「小さな親切」ほど、義理を感じる

説得したいなら、信頼されろ

読者のみなさんは、あまり頼りにならないな、どうにも信用できないな、という強い不信感を持っている人間の話を、きちんと聞いてあげるだろうか。また、その人の話を心から受け入れることができるだろうか。

おそらく、できないはずである。私たちは、信用していない人間の話など、聞く耳を持ちたくもないと思うものなのだ。

スタンフォード大学で産業心理学を教えるパメラ・ハインズ教授は、どういう人が職場で好かれるのかを４年間に渡って研究したことがある。

その結果、私たちは、すでに過去に一緒に仕事をした経験があったりして、自分でも信頼できる人を好むことが判明したのである。「あの人なら、よく知っているし、信用もできるんだ」という人を私たちは好むのである。

初対面では全力で自己アピールしよう

信頼されるには、一緒に組んで仕事をする機会を増やせばいい。

私たちは、何度か顔をあわせていると、それだけでも相手を信頼するようになるのだとハインズ教授も指摘している。

よく知らない人を信頼するのはムリであるが、何度か仕事をしていれば、自然と相手のことを信頼していくものなのだ。

もちろん、**信頼されるためには、仕事では〝絶対に手を抜かない〟ことも重要な要素だ。** 特に、知り合ったはじめのうちは、全力で自己アピールするとか、相手にやさしく接してあげるなどの気配りも大切である。

いったん信頼されてしまえば、その後では、ちょっとくらい手を抜いても許してもらえるようになる。最初はとにかく頑張って信頼を勝ち取ることに努めよう。

それが相手を暗示にかけ、こちらの言い分をのませる上で絶対に必要だからだ。

誰もが親切に飢えている

人に信頼されるための実践的な方法は、相手にとって何かしらの「利益」を与えることに尽きる。

「ギブ・アンド・テイク」という言葉は、まず自分から相手にどんどん利益を与えなさい、そうすればあなたにも返ってきますよ、という意味だ。

相手に与えれば与えるほど、こちらに返ってくるメリットも大きくなるのだ。長い目で見れば、決して自分ばかりが損をするわけではないので、安心して、相手に利益を与えてあげよう。

シンシナティ大学のステファン・スパークス博士によると、どうやら私たちは、他人から利益を受けたいと思っているのに、みんなが親切にしてくれないことを不満に思っているらしい。

スパークス博士が152名の看護士を調べたところ、仕事に満足している人はわずか59%にすぎず、残りの人たちは、「もっとだれかが手伝ってくれないかな？」のような不満を抱えているそうである。

よく「人に親切にしなさい」と言われるが、現実には、親切な人のほうが圧倒的に少ない。

だからこそ、あなたがほんの少しでも他人に親切にしようとすれば、「おっ、この人はとても親切だな」と思ってもらえるのだ。

周囲の人たちに、不親切な人が多いぶん、あなたが親切にすれば、とても目立つ。みんなが怒っている人たちの集合写真の中で、笑っている人が一人でもいると、その人だけが際立って輝いて見えるのと一緒である（これをコントラスト効果という）。

わずかな気配りでも、大いに喜ばれる

私は何も〝大きな親切を施してあげなさい〟と言っているのではない。

〝ほんの少し〟でかまわないのだ。

書類を床にばらまいてしまった人がいたら、一緒に拾ってあげるとか、ちょっと外回りに出かけるときに、他の人が出したいと思っている封筒をポストに入れてあげるなど、小さな親切で一向にかまわない。

「たったそれだけで？」と思われるかもしれないが、これだけでもずいぶんとあなたの株は上がるし、信頼してもらえるのである。

私たちは、他人に親切にされることに飢えているのだから。

無償で親切を施しつづけていると、今度は、あなたにも利益が返ってくる。

恩を感じた相手は、あなたが何かを頼んだときにも、「いいよ」と答えてくれるようになる。**小さな親切を見せてあげるだけで信頼されるのだから、こんなに素晴らしいことはない。**

私は、小さな親切を施してあげた人から、お礼にとワインを贈ってもらったことがある。あまりに簡単にできる仕事をやってあげただけなので、まさかお礼までもらえるとは思っていなかった。

しかし、彼からすると、親切をしてあげた私のことが、神様のように見えたのかもしれない。

世の中に親切な人が減っている今が、チャンス

だ。誰もがやっていないからこそ、目立つチャンスである。どんどん親切にしよう。はかり知れないほど大きな利益が、絶対に返ってくるから、にこにこと微笑みながら親切を施そう。

「周囲で困っている人を見かけたら、すかさず手を差しのべよう」

18 結果の魅力を示せば人は行動する

「やる気」を刺激するツボがある

信頼感は、こちらの話を受け入れさせるにあたっての必要条件であることは述べた。その上で、相手に何かを言って聞かせようと思うなら、次の４要素を満たすように話をするのが効果的である。

アムステルダム大学のW・ファン・エルデ博士によると、あなたの話を聞くことで、相手に次のような結果をもたらすという見込みがあるとき、人は心を動かされるらしい。

❶結果の魅力

❷結果の望ましさ

❸結果から予想される満足感

❹結果の重要性

たとえば、あなたが士気の落ちているメンバーに、もっと仕事を頑張ってほしい、発奮させたいと思っているとしよう。

この場合、頑張るという「結果」に対して、メンバーがどれくらい魅力を感じるか、どれくらいその結果を望ましいものと考えるか、頑張る結果によって満足できると予想されるのか、頑張る結果が本人にとって重要か、という点について分析しなければならないということである。

「なるほど、頑張る姿を見せるのは、カッコイイことなんですね」（魅力）
「なるほど、頑張れば、給料があがるんですね」（望ましさ）
「なるほど、頑張るのは、自分にとっても気持ちのいいことなんですね」（満足感）
「なるほど、頑張ることは、日本の社会にとっても大切なのですね」（重要性）

このように相手が思ってくれるのなら、ひとまずはあなたの説得はうまくいったと考えてよいだろう。どの点を相手にアピールするかよく考え、少なくともどれか1つの要素を確実に満たすようなアピールをしてほしい。

この4要素のうち、相手がどの点に関して共感してくれるのかは、残念ながらやってみないとわからない。

ある人は、魅力のアピールに弱いかもしれないし、別の人は重要性のアピールで心が動くかもしれない。実際にやってみないことには、どの点を攻めればいいのか、わからないのだ。

4回も試せば、結果は出るはず

まずは結果の魅力を感じさせるようなアピールをしてみて、どうも相手が納得してくれていないようなら、次に望ましさを感じさせるようなことを言ってみて、それでもダメなら満足を感じさせるような説得をしてみる……というように、順番に試してみるしかない。

ただし4つともすべてが効かない、ということは考えられないので、試すのはせいぜい4回である。

もし4回試してみても効果がないのなら、何か別の理由、たとえば、あなたが嫌われているから言うことを聞いてもらえないのかもしれないし、相手の虫の居所が悪いのかもしれない。こんなときは少し間を置いて改めて試してみてほしい。

部下のやる気を高めたいとき、「とにかく、やってごらんよ」という言葉が、まったく意味がない理由が、これまでの論からもわかるだろう。

このセリフは、これまでに述べてきた4要素を満たしていないのだ。魅力も望ましさも満足感も重要性も感じさせないなら、相手だって、わざわざ言うことを聞きたいとは思わないのである。

「会話のはしばしに4要素をちらつかせて、行動を起こさせる」

3章

心から信頼されてしまう上質な「会話テクニック」

〈ネガティブな感情を消す暗示〉

19 「忘れろ」と言われたことは忘れない

「次は気をつけろ」では、またミスをする

部下が何らかのミスをしたとき、「今回はいいが、次は絶対にミスせずに頑張れ」などと励ます上司がいる。よくありがちなセリフである。しかし、そうやってハッパをかけると、たいていの部下は同じ間違いをくり返す。

「ミスするな」と言われれば、なぜかミスしてしまうのが人間だからである。

こんな場合には、**「失敗したっていいんだ。どんどん失敗するんだよ」**と励ますのがベストである。**このほうが、部下は肩の力を抜いて仕事をしてくれる。**

人間のやることに完ぺきを期待してはいけない。人間のすることなど、成功することより、失敗するときのほうが圧倒的に多いのだから。

こんな実験がある。ニューヨークにあるディーメン・カレッジの心理学者R・シンバロが、大学生に60の単語を記憶させるという、ごく平凡な実験をやってみたと

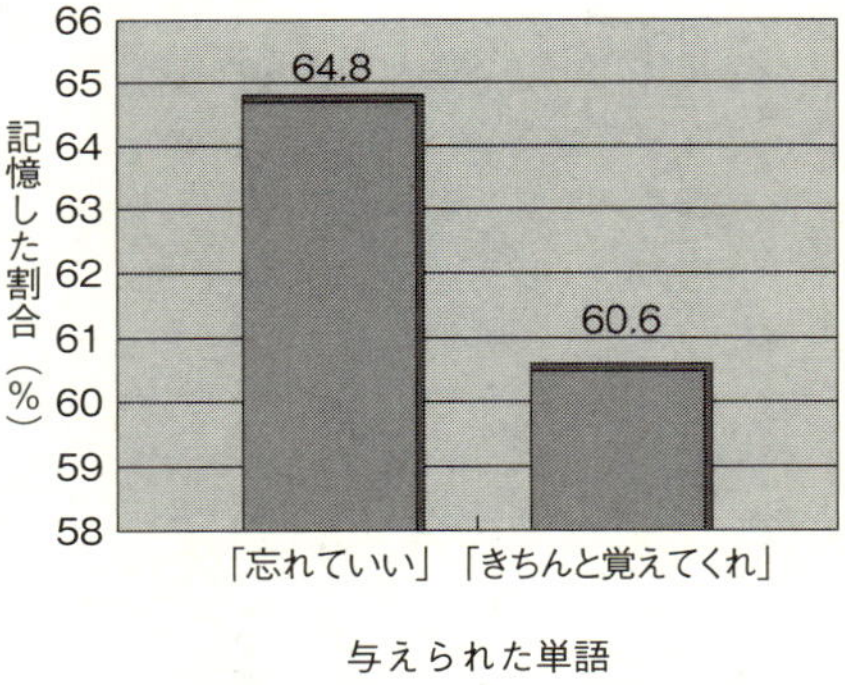

図：「忘れていい」と言われたほうが、かえって忘れにくくなる
（出典：Cimbaro, R. S., et al., 2003）

きのことだ。

シンバロは、半分の学生に向かっては、「忘れてくれていいんだからな」と声をかけておいた。記憶の実験だからといって、そんなにムキにならなくてもいい、と念を押したのである。

残りの半分の学生に対しては、「きちんと覚えてくれ」とプレッシャーをかけてみた。すると、どうだろう。「忘れてくれていい」と伝えられたグループのほうが、はるかに単語をよく記憶できることが判明したのである。

逆説的なことながら、「忘れてくれていい」と言われたほうが、きちんと単語を記憶できたのだった。

このデータを参考にすると、しょげている部下を励ますときには、「次には本気を出してみろ」とか「次は頑張れ」というセリフはよくないことがわかる。

そんなふうにプレッシャーをかけると、もう一度失敗するのを誘発してしまうからだ。しょげかえっている部下を励ますときには、

「あと100回は、失敗したっていいぞ」

「あきれるほど失敗してみろよ」

こんなふうに念を押して、リラックスさせるのだ。

部下に何かを理解させたいときには、「これから俺が話すことを、絶対に忘れるなよ」ではなく、「忘れてくれてもいいんだからな」と言ってから伝えるのはどうだろうか。そのほうが、部下はきちんと記憶してくれるものなのだ。

「肩の力が抜けるような言葉をかけてあげよう」

20 焦ったときは、ユーモアと笑顔で相手をホッとさせろ

不安を煽らないために場を和ませろ

困ったときには、困った顔をしてはいけない。「うわぁ、どうしよう」という顔をしていると、そんなあなたの顔を見た相手は、もっと不安になるからだ。
たとえば、経理上のミスや、大規模なリストラなどの問題が発生したときにも、その場の動揺を鎮めるためには、冗談のひとつでも言って、場を和ませたほうがいい。

あなたが焦って、しどろもどろになっていると、その姿を見た人たちは、もっと動揺してしまうからだ。困ったときこそ、笑うのだ。

焦り、緊張、不安、動揺などの感情は、どうしても表情に出やすい。そういうときには、ポーカーフェイスを作ろうとするより、「笑顔を偽装」したほうが簡単であるし、成功するものである。ポーカーフェイスでは緊張は隠せないが、笑顔なら

隠せる。だからこそ、**困った状況に陥ったときには、大きな笑顔を見せることで、心理的に余裕があるところを見せよう。**

ユーモアを加えれば、悲壮感も吹き飛ばせる

かつて、英国のエリザベス女王が馬車に乗ってパレードをしているところに爆弾が投げ込まれたことがあった。

道路脇にいた人々は大混乱し、叫び声があがった。そのとき、チャールズ皇太子は何事もなかったようにすっと馬を女王のそばに寄せて、「スマイル、マーム（笑顔だよ、お母さん）」と呼びかけたという。笑ってみんなを安心させてよ、という判断である。人の上に立つ人間は、いつでも笑っていなければならないのだ。

笑顔を忘れなければ、「私は、大丈夫」という暗示を見る人に与えることができる。心理的に余裕のあるところを見せられるわけであり、「やっぱり、あの人は偉

い人間なのだ」と周囲の人にアピールできる。

だからこそ、困った状況では、笑顔が一番の作戦なのである。余裕のない人は、笑顔を作れないと私たちは考える。だからこそ、ニセモノであろうが何であろうが、笑顔を作ることによって、余裕たっぷりなところを見せたいものである。

「この状況はやばいぞ」というときこそ、笑顔だ。動転したそぶりがわからないように、笑顔で隠すのだ。

さらにまた、**笑顔だけでなく、ユーモアを出してみるのも効果的だ。**冗談のひとつも飛ばしてみると、追いつめられているような悲壮感を吹き飛ばすことができる。

余裕のある態度に人は安心する

カナダにあるウォータールー大学のロッド・マーティン博士によると、緊張が高まった状況を打破するのに、ユーモアほどよい作戦はないらしい。**困難な状況でも、コミカルなことを言えるという心理的な余裕が、悲壮感を打ち消す働きをしてくれるからだ。**

たとえば、納期が迫っているのに、取引先からそれを指摘されるまで忘れていたとしよう。こんなとき、あわてて謝罪などをすると、頼りがいのない人間だと思われてしまう。

それよりは、冗談でも言って、余裕たっぷりのところを見せたほうがいい。たとえば、

「もう、悪魔に魂を売ってでも、ゼッタイに間に合わせますから、安心しててくださいよ」

と笑って答えるのだ。そうすれば、相手もホッとして、「たぶん、この人なら大丈夫なんだろう」と胸をなでおろしてくれるだろう。

かくいう私も、すっかり忘れていた仕事をいきなり催促されることがある。小さい仕事ほど、よく忘れる。

しかし、こんなときにも、あわてず騒がず、

「タイタニック号に乗ったつもりで、安心してくださいよ。あっ、タイタニック号じゃ沈んじゃいますね」

などと冗談っぽく話しながら、「とにかくあと2日待ってくださいよ」と頼むと、たいていはOKしてもらえる。こちらが、余裕のあるところを見せていれば、相手も安心して待っていられるのだ。

「困ったときほど、笑顔とトークに磨きをかける」

21 〝負の暗示〟を解いて、心を軽くしてあげよう

「できる」と言われると、「できそうだ」と思う

あなたが部下に仕事を任せようとしたところ、「僕は適任ではありません。別の人に代わっていただけないでしょうか」と断られたとする。

その部下は、自分が失敗するのが怖いのである。失敗して、自分が責任をとらされるのが怖いのである。

この例にかぎらず、行動を躊躇《ちゅうちょ》してしまう人は、自分自身に「できない」という〝負の暗示〟をかけていることが多い。だからこそ、まずはその〝負の暗示〟を解いてあげるところからスタートしよう。

そのためのコツが「だれでも、できるんだよ」と暗示をかけてあげることである。

逆上がりができない小学生の子どもは、自分にはできない、という負の暗示をか

けてしまっているわけだが、指導の上手な先生は、次のように言って聞かせる。

「だれでも訓練すれば歩けるようになるし、泳げるようになるでしょ。だれでも練習すれば、漢字でも算数でも覚えられるでしょ。逆上がりだっておんなじ。練習すれば、だれでも、できるんだよ」

指導のうまい先生は、子どもが持っている**「自分にはできない」という〝負の暗示〟を、「だれでもできる」という〝プラスの暗示〟に変えるわけである。**

アリゾナ州立大学のスーザン・ピーターソンは、212名の学生に、バラバラなアルファベットを見せて、意味のある単語を作らせるという実験をさせてみた。たとえば、「T、H、O」というアルファベットを見せて、「HOT」という単語を作らせたのである。実際の実験では14文字もある単語を考えなければならないので、学生にとってはかなり難しい問題であった。

ところが、ピーターソンが実験に先立って、

「これと同じ問題を別の人にやらせてみたところ、ほとんどの人がうまく正解を見つけることができましたよ。あなたもうまく解くことができますよ」

と暗示をかけたところ、本当に解決できる人が続出することがわかったのである。

ピーターソンによると、私たちは、「自分にもできそうだ」という希望を持つと、実際にできてしまう確率が高まるのだという。本人の思い込みは、とても大きな影響を持っているからだ。

ピーターソンはまた、「これと同じ問題を別の人にやらせたところ、ほとんどできませんでした。あなたもできないと思いますが、とにかくやってみてください」と暗示をかける条件でも実験している。

すると、このときには、本当にできなくなる人が圧倒的に多くなった。そういう〝負の暗示〟をかけられると、私たちは希望を失って、本当にできなくなってしまうらしい。

もし行動を躊躇している人がいるとしたら、まずやるべきは、そういう〝負の暗示〟をなくさせることなのだ。「みんなできる」「お前も当然できる」と励ますことで、「俺にもできるかも？」という気分を心の中に植えつけなければ、彼は自分から行動を起こしてくれないであろう。

「あなたもできるよ、と自信や希望を持たせよう」

22 部下や後輩を誘いたいなら、正直にホンネを出せ

人間味のある上司が好かれる

部下に嫌われる上司は、「おごってやるよ」と言う。自腹でおごってくれるのならまだしも、会社のお金だったりするので、部下としては、まったくありがたみを感じない。

第一、「おごってやる」という態度が、すでに傲慢《ごうまん》である。部下のことを「格下」だと思っていなければ、こんな誘い方をしないはずである。

こういう上司は、「おごってあげているのに、部下がなついてくれなくて困る」と本気で悩んでいたりする。「おごってやるよ」という誘い方が、部下の心証を害していることに気がつかないのだ。

好かれる上司というのは、**「新しい店に行きたいんだが、1人じゃ心細いんだ。ついてきてくれないか?」**のように誘う。これなら部下も、お供をしてもいいかな

という気分になる。なぜなら、自分のことが丁寧に扱われていると思うからである。

カリフォルニア大学のポール・シンドラーは、ある製薬会社から66名の人を対象にして、どういう人ほど、職場で信頼されるのかを調べたことがある。シンドラーは、同僚に対して、上司に対して、部下に対して信頼されるのは、どういう人なのかという特徴を調べてみたのだ。**その結果、第1位になったのは、「誠実で、正直な人」であった。ホンネを語り、正直な人ほど、信頼されたのである。**

部下とお酒を飲みたいなら、正直に言えばいいのである。

「僕は、若いキミたちと飲みたいんだ。ダメかな？」と。

こうやって頭を下げるなら、たいていの部下は笑って、いいですよとつき合ってくれるのではないか。そして信頼される上司になれるのではないか。

「キャバクラに連れて行ってやろうか」と部下を誘う上司がいるが、こういう上司は、部下に心の中で笑われている。「行きたいのは、お前だろ！」と口に出しては言わないが、部下のほうは確実にそう思っている。

もちろん、そんな誘い方をしても、「いや、けっこうです」と断られて恥をかく。

正直に、「俺はキャバクラに行きたいんだが、モテそうなお前の口説き方を教えてくれ、頼むよ」と頭を下げる上司のほうが、何倍も部下の気持ちをつかめるというのに。

ホンネを隠したほうがいい場合と、見せたほうがいい場合があるものだが、**部下を飲みに誘ったりするときには、ホンネを出したほうがいい。**

最近では、上司のほうが部下の顔色をうかがって、「一緒にお酒を飲みたいんだけど、断られちゃうと、上司としてのメンツが……」などと考えているようだ。

そのため、わざと「おごってやるよ」などと、地位をかさにきた物言いをしてしまうのだろう。逆効果であることも知らずに、残念なことである。

部下を誘うのは、決して難しくない。自分の心を開いて、正直にホンネでぶつかればいいだけの話なのだ。ヘタに本当の気持ちを隠したりするから、問題がこじれてしまうのである。

「こちらが正直に話せば、相手も心を開いてくれる」

23

「ありがとう」は魔法の言葉である

お礼の気持ちは、「どうも」ですませるな

私が、気になっているのが、「どうも」という返事だ。

「先日は、どうも」「この前は、どうも」などのように仕事のときに頻繁に使われるフレーズであり、一応は、感謝の気持ちを伝えようとしているようなのだが、私には、〝感謝が薄い〟ようにしか感じられない。

とりわけ、自分より年下の人間が、「どうも」と言ってくると、横柄に聞こえる。もともと、短い言葉は、ぶっきらぼうで、投げやりなイメージを人に与える。

丁寧な気持ちや、謙虚な姿勢を見せたいのなら、なるべくきちんとした文章で話をしたほうがいい。

「どうも」だけで終わらせるのではなく、「どうも、ありがとうございました」「どうも、助かりました」「どうも、すみません」のように、きちんと最後まで文を

完成させて話をするのが礼儀であろう。
　感謝するときには、なるべく長いほうがいい。「どうも」では、わずか3文字。これで感謝を伝えようというのは虫のいい話である。どれほど感謝してもしたりない、という気持ちを前面に出すには、並べられるだけの言葉を並べていくべきなのである。

「いや、ホント、助かりました。100万回、頭を下げたい気持ちです。地獄に仏っていうのは、まさに今の私の心境ですよ。どうも、ありがとうございました。ホントにありがとうございました。いや、もう、ホントに何とお礼を言ったらいいのか……」

　これくらい感謝してあげれば、相手だって、「また、困ったことがあったら、いつでもどうぞ」という気持ちになる。心から感謝されると、私たちは得意な気分に

なるし、自尊心をくすぐられるので、嬉しいからだ。

「ありがとう」を戦略的に使え

あなたが感謝を伝えるとき相手が遠慮して、「そんなに大したことはやってませんよ」と言ってきても、言葉をストップしてはいけない。

「とんでもない！」と大げさに驚き、さらにまた、感謝の言葉をまくしたてるのだ。これでまた、相手はもっと嬉しくなる。

「大したことはしていないのに、かえって恐縮しちゃうなぁ……」というレベルにまで追い込んでしまうのがポイントである。

「どうも」で感謝を終えてしまうと、この作戦が利用できない。むしろ、〝軽い〟感謝しかできない人間と見なされ、今後は助けてくれなくなるかもしれない。だからこそ、これ以上ないというくらいに、たっぷりと感謝するのだ。

「感謝は、魔法の言葉である」

こう述べているのは『成功する人間関係』（創元社）の著者であるL・ギブリンだ。彼は、次のような例で説明している。

「ある日のこと、一人の少年が私に近づいて鉛筆を一本買ってくれとせがんだ。私はいらないと首を振ると、彼は『とにかく、ありがとうございました』と感謝の言葉を述べるではないか。私はポケットから銅貨を取り出していた。」

私たちは、感謝されるのに弱いのである。

だから、相手に感謝できる状況というのは、きわめて絶好のチャンスなのだ。その絶好のチャンスが目の前にあるのに、「どうも」などというつまらない言葉ですませてしまう人の気持ちが、私にはわからない。みすみす自分からチャンスを潰してしまってどうするというのだろうか。

相手に感謝する機会があったら、その機会を見逃してはいけない。それはあなたにとっての絶好のチャンスなのであるから、相手が恐縮してしまうくらいに感謝の言葉を並べ立てていくのがミソである。

「相手が恐縮するくらい感謝の言葉を並べて、自尊心をくすぐる」

24 「謝罪」しながらファンを増やす方法

そっけない謝り方では、怒りの火に油を注ぐ

最近の万引きで捕まる中高生は、まったく悪びれることがないという。本人に悪いことをしているという自覚もなく、「わかったよ、お金払うから、いいんでしょ？」と言われてあっけにとられる店員もいるそうだ。

もちろん、お金を払うからいいという問題ではなくて、まずは「ごめんなさい」と謝るのが正しい。

私は、最近になって、ＤＶＤプレーヤーを買い換えたのだが、リモコンが壊れていて作動しない。そこで買った電化製品店に電話したところ、「わかりました、交換します」とそっけない返事が返ってきた。

しかし、そうではないのだ。まずは「大変に失礼なことを致しました」と謝ってほしいのだ。

電話を受けてくれた電気店の店員は、工場の人ではないから、そのリモコンを直接に組み立てたわけではないことなど、私にもわかっている。しかし、それでも私は、謝ってほしいのだ。

心から反省している態度を見せよう

仕事をやっていれば、結果として、お客やクライアントに迷惑や被害を及ぼすことなど、しょっちゅうあると思う。

しかし、そんなときでも、「この責任は私にはありませんから」という態度は、まさに万引きをして逮捕されたのに悪びれた様子もない中高生と一緒で、相手を憤慨させてしまう。まずは、謝ればいいではないか。

屁理屈や理由など、どうでもいいのだ。説明もいらない。

とにかく、**一番目にやるべきことは、頭を下げて、海よりも深く反省の姿勢を見せることなのである。**

そうやって謝れば、相手はそれ以上怒らない。お客が怒り出すのは、謝ってくれないからなのだ。あるいは、謝り方がいかにも雑だからだ。

たとえ相手に迷惑をかけても、謝罪の仕方が立派であれば、相手はあなたのことを好きになってくれるというデータがある。つまり、謝る機会があるというのは、チャンスなのだ。せっかくのチャンスなのだから、理由など考えずに、「本当に申し訳ありません」と頭を下げたほうがいいに決まっている。

謝罪は、好意を得るチャンス

ルイジアナ技術大学のブルース・ダービー博士は、相手の自転車を勝手に借りて、しかもそれを壊してしまったとしても、**「ごめんなさい」と心から反省して謝罪すれば、相手からの好意を勝ちとれる**ことを実験的に確認している。

謝罪するというのは、好意を得るチャンスなのである。

最近のビジネスマンは、きちんと謝ることができなくなっているのではないかと思う。ヘタな言い訳をしてみたり、屁理屈をこねまわして、謝罪するのをのらりくらりとかわそうとする人が多いように思われるのだ。

日本の組織にありがちなことだが、責任の所在が曖昧であるために、たしかに、当人には責任を感じにくいのであろう。

しかし、そういう逃げの態度は、見ていて不愉快である。

世の中の問題は、「謝ってすんでしまう」問題がきわめて多い。謝ってもすまない問題など、ほとんどないと言ってもよい。

たいていの問題は、「ごめんなさい」ですむのである。

ではなぜ、この言葉を使わないのだろうか。それは、単純に、自分のつまらないプライドを守るためである。人に頭を下げることが、自分の誇りを傷つけるように感じてしまうのだろう。

しかし、そういうつまらないプライドなど、持たなくていい。

たとえ自分が直接的に迷惑をかけたわけではなくとも、自分が代わりに謝ってしまおう。きちんと頭を下げて、「ごめんなさい」が言える人は、だれからも好かれるのだから。

「すぐに深く謝れば、好感度がグッと上がる」

4章

「賢く譲歩」して、スイスイ意見を通す！

〈結論を誘導する暗示〉

25 受け入れやすいものから、受け入れさせる

折り合えるポイントから決めていく

小さな子どもに薬を飲ませるときは、オブラートという薄い紙のようなものにくるんで飲ませてあげるとよい。小さな子どもは、いかにその薬が大切か、などを説いてみたところで絶対に飲んでくれない。

飲みやすいように飲ませてあげなければ、子どもは口を開いてくれないのだ。薬の効用などどうでもいいから、親はとにかく飲ませるためにオブラートにくるむわけである。

大人だってそうである。「お前のためを思って、言ってあげてるんだよ」とか「これが重要なのだよ」と言われたところで、本人にそれを飲む気がなければ、飲み込んでもらえない。顔を背けられるだけだ。

相手に飲み込んでもらいたければ、飲みやすいように提示してあげよう。

　大人にとってのオブラートとは、本人にとっての「受け入れやすさ」なのだ。これは絶対にイヤだが、これならば受け入れやすい、という点が必ずある。そういう点から攻めるのだ。

　ビジネス上の商談では、ひとつのことだけを決めるということは通常ありえない。

　日程であるとか、人員であるとか、金銭であるとか、場所であるとか、必ず複数の要素を持っているのが普通である。その際、お互いにどちらも折り合える条件、つまり受け入れやすい条件というのがあるはずであり、まずはそういうところから決めていくのがポイントである。

お互いに飲みやすいところからスタートす

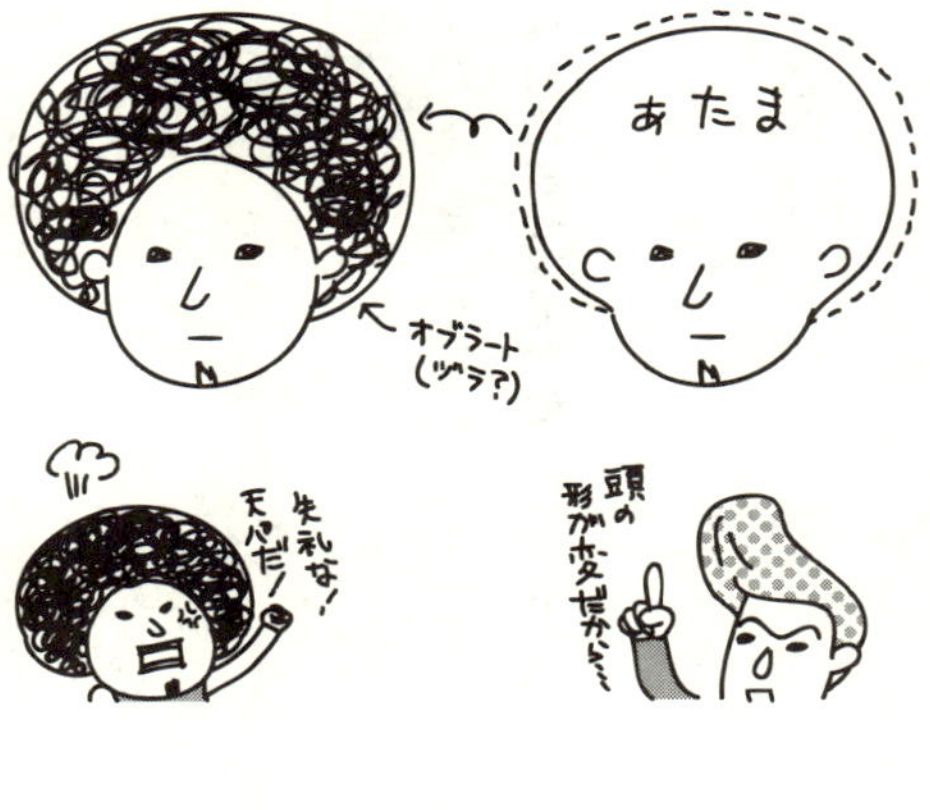

れば、最終的にはすべての案件について妥結するのも難しくないからだ。

相手の「価値観」に合う言葉が効果的

相手に対する「受け入れやすさ」ということで考えれば、相手の信念や意見、価値観などをあらかじめ調べておき、相手が受け入れやすいように言葉を選ぶことも大切なことだ。

米国ミネソタ州のセント・キャサリン大学の心理学者E・クレアリーによると、私たちは、自分の価値観と一致するものだけを受け入れ、そうでないものは拒絶しがちなのだという。**説得メッセージは、相手の価値観に合わせて変更したほうがうまくいく、**とクレアリーは述べている。

たとえば、「ボランティア精神はとても大切」ということを納得させたくとも、相手がそういう価値観を少しでも持っていないと、説得は困難だ。しかし、

「ボランティアをすると、気分がスッキリして自分が大満足できる」
「ボランティアをすると思わぬ人脈が増えたり、キャリアにつながったりする」

と価値観を変えながらアピールすると、それぞれの価値観を持っている人には、てきめんに効果を発揮することをクレアリーは実験によって確認している。

　相手がどんな価値観やら意見を持っているかを調べ上げておくと、相手に見あった話ができる。どんな話が受け入れてもらいやすいかがわかれば、スムーズに人間関係を形成することにも役立つだろう。

「日頃から、相手の『価値観』に合う言葉を探しておこう」

26 はっきりと明言せず、曖昧にぼかせ

ホメるときも使えるテクニック

読者のみなさんも、学校や職場で、「はっきり話しなさい」「わかりやすく話しなさい」というアドバイスを受けた経験が一度や二度はあるはずだ。

しかし、曖昧にしゃべったほうが、かえってうまくいくときもある。

はっきり話さないほうが、むしろ好都合、という状況があるのである。物事には、必ずウラとオモテがあるものだが、「はっきり話す」ことがオモテの戦略だとすれば、「わざと曖昧に話す」ことはウラの技術であるといえよう。

たとえば、人をホメるとき。あからさまに人をホメると、相手も恥ずかしくなってしまうし、あなた自身もきっと恥ずかしい。

そのため、わざと曖昧にぼかしながら、

「○○さんと一緒に仕事をするのは、なんかこう、言葉ではうまく言えないんですけど、う〜ん、とにかく、いいんだよなぁ……」

と含みのある表現でとどめておくのがいいこともあるのである。「○○さんが好きです。一緒に仕事をさせてもらうのは感激です」と臆面もなくホメるのは、よほど演技がうまい人でなければ、ウソくさいと思われてしまうわけだ。

曖昧にぼかすというテクニックは、ニュージャージー大学のエリン・ブレッチャー博士によっても確認されている。ブレッチャー博士は、「この広告は絶対にうまくいきますよ。ですからもっと広告費をつぎ込みましょう」とマーケティング担当者に伝えるときよりも、

「広告はきくときも、きかないときもあります。確実な判断はできません。ですが、広告がきくときには、大きな利益がもたらされるでしょう。しかし、広告費がムダになることも十分に考えられます」

というように、何を言いたいのかよくわからない発言をしたほうが、それを聞かされる担当者は、その後にもっと広告費をつぎ込むことを発見した。

ムリな依頼は乗り気に見せて、上手に釘を刺す

曖昧にぼかすのは、日本人のもっとも得意とするところ。人をホメるときにも、仕事上の提案をするときにも、ムリな注文を断るときにも、いろいろと使ってみるとよいだろう。

私自身、適当に、曖昧にぼかすことが多い。

たとえば、メールで仕事の依頼がきたときなど、次のような返事を書くことがよくある。「大変に面白そうな企画です。ぜひやらせてください。ただし、もう少し返事は待ってくださいませんか？」

これでは、喜んで仕事を引き受けるのか、本当はそうでないのかがよくわからない。それでも、こうやって一応は乗り気な姿勢を見せると、相手は、私の言うことを聞いてくれるようになるのだ。

「○○については、一生懸命に頑張って調べてみますが、わからないことはわかりません。できないことは、できません。ただ、全力で頑張ります」

こういう返事も、できるのか、できないのか、はっきりしない。それでも相手は、「ぜひお願いします。どうしてもできない点は、けっこうでございます」と喜んでくれるものである。

「そんなのはわかりません」とはっきり言ってしまうと、相手も「そうですか」と引っ込んでしまって、仕事にならなくなる。だから、最初はわざと曖昧に発言していたほうがいいこともあるのである。

「相手を煙にまいて、言い分を通してしまう」

27 うまく反論したいときには、「質問形式」を使え

こちらが大人になって、お伺いを立ててあげる

取引先や上司の発言に反論をぶちかますのは、勇気があっても難しいものである。こちらの立場が下であることを考えると、とても反論できるものではない。

自分の意見をきちんと述べることは、たしかに必要なのかもしれないが、よほど慎重にやらないと、いらぬ誤解を招くことになる。

「そのアイデアは、古くさいですね」

「その考えは、実現可能性が低いですね」

「そんなやり方が通用するのは、10年前までですよ」

こんなふうに気持ちをすぱっと言えるのなら、どれほど気持ちいいだろうか。

もちろん、現実には、それほどはっきりと反論が口に出せる人はめったにいないだろう。いくら上司に嫌われようが関係ないや、もうこんな会社クビになってもか

まわないや、という世の中のしがらみを断ち切れる人でなければ、なかなか反論などできるものではないのである。

とはいえ、絶対にできないかというと、そんなこともない。物事は、やり方次第で、なんとかなる逃げ道が、必ずひとつやふたつはあるものだからだ。

上手な反論法としては、〝質問形式〟で、自分が不賛成であることを匂わせるテクニックが存在する。

あからさまに反対するのではなく、質問するのである。質問することによって、「僕は心から賛成はしてませんよ」ということをほのめかすわけだ。

「おっしゃることは了解しました。ところで二、三、質問してよろしいでしょうか？」

とてもスゴイです
でも、
このままだと
死にますよ
死?!
スケジュール

「あっ、勘違いしないでくださいね。反対したいわけじゃないんですよ。ただ、わかりにくいところをいくつかご質問してかまわないでしょうか?」

このように〝質問〟という形で、自分なりの反対意見を混ぜ込んでいくのがポイントである。これなら、相手にも反対しているとは気づかれにくい。

質問形式で自己主張する

「この点は、こう考えてよいのでしょうか」と質問しているそぶりで、さりげなく自分の意見を主張するのもいい作戦だ。

「今のお話をお伺いしていたら、僕はこんなふうに感じたのですが、間違っているでしょうか?」と質問するくらいなら、相手もそれほど怒らないものである。

たとえば、上司の提案する計画の見積もりが、あまりに杜撰《ずさん》だとしたら、それを指摘するのではなく、やはり質問するという形で反論を加えていくのが安全である。

「企画自体は、すばらしい内容だと思います。……ところで、予算は、このままで本当に大丈夫でしょうか？」

「人員は、これで十分なのでしょうか？」

「スケジュールに、もう少し余裕をもたせると万全なのではないでしょうか？」

これで反論は終了。これ以上の反論は、よほど気を許した相手でなければ危険である。相手がどういう人間なのか、ある程度まで理解できるのであれば、自己主張してもかまわない。

しかし、それほど深いつき合いをしていない相手なら、質問するだけはしてみて、それでも相手が自分の考えを曲げてくれないなら、もうどうしようもない。あなたが諦めて、相手の言い分を聞いてあげよう。

「ねぎらい、認めたうえで、プラスワンの質問をする」

28 「少し様子をみませんか？」と断る

反論していると思われない言い方

私たちは、「口答え」されるのが好きではない。せっかく何かの意見を述べたというのに、目の前の人に反論されたりすると、だれでもムカつくものである。もしあなたが他人の意見を聞かされたり、依頼されたり、要望を受けたときには、頭から反対してはいけないのだ。自分がされてイヤなことは、自分もしてはいけない。

他人に反対することは、自分ではそんなつもりではなくとも、「お前が嫌いだ」「お前はバカだ」「私はお前の言うことなど聞きたくない」というメッセージを暗示してしまう。

反対しているのは、あくまでも相手の〝意見〟だけなのだが、相手は、〝自分のすべて〟が拒絶されてしまったように感じるのである。

もし相手の主張に対して反論したいのなら、あくまでも「やんわりと」やるのがポイントである。つまり、**あなたが反論していることを感じさせないように、うまく偽装しながらやる**のだ。

たとえば、あなたの上司が、どう考えてみても成功の見込みのないプロジェクトやら事業の拡大などを企画しているとしよう。

当然、あなたは反論したい。こんなときに便利なのが、「少し様子をみませんか？」という断り方だ。これならば、反論しているように感じさせない。

「なるほど、おっしゃることは１００％納得できます。事業の幅を広げるということですよね。なるほど、本当にその通りです。……う～ん、ですが、今は少しだけ様子をみてみませんか？」

「なるほど、A社は、提携先としては大いに有望株ですよね。さすが部長。私などは、その可能性を見落としておりました。……ただ、こちらからA社に声をかけてみるのは、もう少しだけ待ってみませんか？」

これなら、あなたが反論しているとは思わないだろう。なぜなら、相手の意見には素直な同意を示しているし、あくまでも「もう少し様子をみましょう」と提案しているだけだからである。

相手のメンツをつぶさず、先送りにする

今のところ何もしたくないときには、〝**先送りの作戦**〟がきわめて効果的な断り方である。

「もう少し調べましょう」
「もう少し待ちましょう」
「もう少しつっ込んだ議論をしてから結論を出しましょう」

という具合に言えば、あからさまに反論するより、はるかに相手のメンツをつぶさない。相手が何かの主張をしたとき、「私は、そう思いません！」と毅然とした態度で反論できればいいのだが、読者のみなさんも、なかなかそういう勇気は出な

いはずである。

私にだって、そんな勇気はない。「できません」「やれません」「ムリです」と直接的に断りたくとも、将来のことを考えると、口をつぐんでしまうのが自然な心理なのである。

だからこそ、断るのではなく、先送りの作戦をとろう。こちらのほうがずっとスマートである。先送りの作戦なら、相手の人格を否定するような、そういうネガティブな暗示は与えない。

あなたが、「少し待ちましょう」と言えば、たいていの人は、「それならキミの言うとおりにしてみようか」と思うのである。**自分の主張のすべてを否定されたわけではないから、少しくらい様子をみてやってもいいかな、という余裕が生まれるのである。**

あなたが反論すれば、相手はムキになって自分の我を通そうとするが、あなたが納得して受け入れたように見せかければ、相手も無茶を言わなくなる。

では、少し時間がたったとき、相手が「そろそろあれを始めてもいいんじゃないか？」と言ってきたらどうするのか。

この場合もやはり、

「今のところ、状況がどんどん動いていますから、もう少し待ってみるのが得策でしょう」

と、さらなる先延ばしを提案するのがいい。そのうち、相手も気持ちが変わってきて、最初の発言を引っ込めてくれるようになるものだから、そこまで先延ばししつづけるのだ。

「意見を否定するのではなく、『タイミング』や『時期』のせいにする」

29 〝ほんのちょっぴり〟だけ教えてもらう

「はっきり言わなくていい」と付け加えてみる

交渉のとき、重要な点について、どうしても相手の真意がわからないときがある。こんなときに便利なのが、

「さしつかえのない範囲で結構ですから、お話できるところだけ、お話をいただきたいのですが」

と聞く方法である。ほんの少しでも口を割らせるようにすると、最終的には、ホンネの全部がわかることが多い。だから〝ほんのちょっぴり〟口を割ってもらうわけである。

たとえば、ある商品のアイデアを売り込みにきたお客がいるとして、その売値を

いくらにするかあなたに教えてくれないとしよう。のらりくらりと価格を言わず、あなたをじらしてくる作戦をとってきたとしよう。

こんなときには、いきなり核心に切り込むのではなく、

「大ざっぱで全然かまいませんよ。大まかな数字だけ、お教えくださいませんか？　はっきりした数字はお答えくださらなくてけっこうです。○○さんの立場もわかりますからね」

などと言えばいいのである。相手がちょっぴりでも口を開いてくれれば、そこを突破口にして、さらに全体にまで踏み込むことができる。

「なるほど、3000万円前後ということですか。……となると、3200万円を超えない……ということで理解してよろしいでしょうか。いやいや、お答えくださらなくていいんですが。でも、2600万円では安すぎる、というわけですよね。ううん、なるほど。ええ、わかりました」

こうやって話をしていけば、相手も気がつかないうちにペラペラとしゃべってしまうので、あなたが知りたいことは、ほとんどわかってしまうわけである。

「小さなお願い」が呼び水になる

人間はいったん口を開くと、その後は、わりとスムーズに口を開くものなのだ。刑事ドラマなどを見ていると、それまで頑なに証言をこばんでいた容疑者や目撃者や犯人が、ある呼び水をきっかけにして、ペラペラと話をはじめるが、あれは、本当にそうなのである。

心理学では、「イーブン・ア・ペニー・テクニック」という方法が明らかにされていて、**「ほんの1ペニーでもいいから募金してよ」と頼むと、相手は1ペニーではなく、もっとたくさんのお金を募金してくれる**ことがわかっている。

いったん募金しようかな、という気持ちにさせてしまえば、1ペニーでは済まなくなってしまうのだ。だから頼むときには、わざわざ1ペニーだけでいいことを強調したほうがいいわけである。

口が堅い人を相手にするときには、このテクニックが有効である。最初は、ほんの少しでも全然かまわない。とにかく、相手に「話をしようか」という気持ちにさせることが狙いなのだから、どんなに小さなことでもＯＫなのである。

新聞や雑誌の記者も、口の堅い政治家や官僚からの意見を聞くときにこの方法をよく使う。すぐれた記者は、いきなり核心を聞いて相手に用心されるようなことをしない。

「全部を教えてくれなどとは言いません。ですが、さしさわりのない範囲で……」

と切り出しながら、徐々に徐々に、相手の警戒を解きながら迫っていくのだ。

「最初に『ちょっとだけ』話をさせると、警戒心がゆるんでいく」

30 怪《け》訝《げん》そうな顔をされたら、すぐさま言い換えろ

相手の理解度は、想像以上に低いもの

私たちは、自分が100の言葉を話したら、相手はそっくりそのまま理解できるだろうと、単純に思い込んでいる。

しかし、それは違う。**あなたが100の言葉を話したら、だいたい相手は80から90くらいしか理解できていないものなのだ。**

「お互いに日本人なんだから、私の話すことは、全部相手に理解されている」などと考えてはいけない。そういう人は、自分勝手にどんどん話を進めてしまう傾向があるが、最後の最後になって相手に次のように言われてガッカリしてしまうことになりかねない。

「ごめん。ほとんど何を言っているかわからないから、もう一度最初から話してみて」と。

具体的に表現すれば、イメージを描きやすい

人と話すときのコツは、少しでも相手が怪訝そうな顔をしたら、さっさと言い換えることなのである。

「ちょっとわかりにくいのかな？」と思ったら、話を先に進めないで、表現を言い換えてみたり、具体例を出したりして、納得させるべきなのだ。それから話を進めていくのがポイントである。

アメリカ南部のアーカンソー大学の心理学者バーバラ・デーヴィスは、相手が混乱しているときには、より簡単な表現に置き換えて理解させたほうがいいということを実験によって確認している。

たとえば、「300ペニー募金してください」とわかりにくく頼んだときより、「300ペニー募金してください。えっと、ごめんなさい、3ドルですね」と言い換えたほうが、実際に募金してくれる人の割合が高くなることを発見している。な

んと30％以上も募金してくれる人は増えたのだ。

あくまでも相手の立場に立ち、どれくらい理解されているかを測りながら会話をするのが会話の達人になるためのコツである。

「わかってないサイン」を見逃すな

自分にとってはごくありふれた表現でも、他の人にとってもそうであるとは限らない。私は心理学者であるから、「二要因配置の実験」「才能逓減《ていげん》の法則」「スライム効果」という用語を聞いても理解できるが、知らない人にとってはまったくチンプンカンプンであると思う。

自分が知っているからといって、その単語を使っていいということにはならない。相手が理解できなければ、どんな話をしても無意味になるからだ。相手がわかる話だけをしていくのがポイントだ。

こちらが一生懸命に話をしていても、相手の目が泳いだり、あいづちを打ってくれなかったり、首をかしげていたりすれば、あなたの話は十分に理解されていないのである。

そんなときには、「わかった?」などと相手の無知を責めるようなことはせずに、自然な流れの中で、言葉を言い換えてあげるのが親切である。

話を要約したり、わかりやすく言い換える

講演やスピーチがヘタな人は、自分のペースで、どんどん話を進めてしまう人である。自分勝手に話を進めてしまうものだから、参加者はイヤになってしまうのだ。

少し話が進んだら、**「ここまでの話をまとめますね」**とさらりと要約したり、**「つまり、こういうことですね」**と結論をわかりやすく言い換えてあげられる人ほど、相手には受け入れてもらいやすいのである。

「相手の反応が悪ければ、表現を変えたり、話を要約してみよう」

31 ホメ言葉に困ったら「感動」を伝える

素直な意見など述べなくていい

私は、高校時代の友人から、自分で描いたという油絵を見せられたことがある。ぼんやりした白い物体がみっつ並んでいる絵で、いったい何なのかわからない。友人曰く、それは「おまんじゅう」なのだという。

彼の大好きなおまんじゅうをテーマにした油絵なのである。なんと感想を述べていいのか、正直なところ、困ってしまった。しかも友人は、本業をやめて画家としてやっていきたいのだという。これにも返答に困ってしまった。

「そんなのはムリだよ」と言ってあげるのが友人としてのやさしさだとは思うが、他人の夢をぶち壊すのも失礼だと思ったので、適当にお茶を濁しながら、「とにかく、頑張れ」と励ますことしかできなかった。

読者のみなさんも、仕事でおつき合いのある人から、〝ヘンなもの〟を見せられたりして、答えに窮したことがあるのではないだろうか。ポエムであるとか、俳句であるとか、自分がコレクションしているストローであるとか。

こんなときには、自分の素直な意見を述べたりせず、それなりに驚きを示しながら、適当にお茶を濁すのが正しい対応である。

「私は、芸術のことなんか、よくわかりません。ですが、この作品からは、なんかこう、見えない迫力、みたいなものをガツンと感じますね」

ホメるのが苦手なら**「いや、ただもう勉強になりました」**と言っておこう。

「胸に響いてくる勢い」であるとか、「圧倒されるほどの情熱を感じる」などのセリフを織り交ぜながら、私はこれくらい感動していますよ、あなたを尊敬していますよ、というアピールをしてあげれば、大変に満足してくれるものなのだ。

とっさの場合は、大げさに驚いたフリをする

自作のものを見せてくれる人の心理は、あくまでも〝顕示欲〟である。自分の才能やら実力やらを他人に顕示したいという欲求があるのだから、その欲求を満足させる言葉をかけてあげればよいわけだ。

この際における注意点は、きちんと理解しようとしない、ということである。相手の作品を本気で理解しようという人は、誠実な人ではあるが、自分が疲れてしまう。相手のことを理解しようという態度は殊勝な心がけではあるが、そういう努力はとても疲れるのである。かといって、「自分にはわかりません」では、やさしさに欠ける。

たとえ理解できなくてもいいから（そもそも理解などできないであろうから）、適当に、**「へぇ、すごいなぁ。○○さんは、こういうこともできるんですね。感心しちゃうなぁ……」**とでも言っておけば十分なのだ。何をどのように感心したのかという理由を尋ねる人はまずいないので、その点は安心してもらっていい。

いきなり返答に窮するようなものを見せられたときには、「へぇ」や「ふぅん」では気乗りのしない返事になってしまうから、「うわぁ」という驚きを見せたほうがいいことも覚えておこう。

「理解するより『感動』してあげたほうが、相手も嬉しい」

32 「誘ってよかった」と思わせる断り方

気を悪くさせずに、誘う気をなくさせる方法

イヤな相手からの誘いを受けたときの「断り方」についてお話ししよう。

たとえば、お酒の誘いでも何でもかまわないが、とにかく「あまり乗り気になれないな」という誘いを受けたときには、次のようなセリフで逃げればいいのだ。

「うわぁ、ありがとうございます！　あっ、でも、今日は90分しか時間がとれないのですが、よろしいでしょうか？」

「本日は、1時間だけでも参加したいのですが、よろしいでしょうか？」

「ちょっと別の人とも会わなければならないので、8時には失礼したいんですが、それでもかまいませんか？」

お酒を飲むにしても、わずか1時間しかつき合えないというのでは、誘った相手も躊躇するのが普通である。そのため、「それじゃ、またゆっくり時間がとれるときに改めてお誘いしますよ」と、自分の誘いを引っ込めてくれる。たった1時間のつき合いではつまらないと思うからである。

私は、たぶん他の人より、はるかにお誘いを受ける人間だと思う。社交辞令なのかもしれないが、誘いを受けやすい人間なのかもしれない。

しかしながら、私は仕事がらみで飲むお酒が、あまり好きではない。そのため、仕事がらみのお誘いは、ほとんどの場合には断らざるを得ないのだが、かといって、ひどい断り方をしたら、将来に禍根を残してしまうようで恐い。そのために私がとる作戦が、「帰る時間」を伝えることで、誘う気を失わせるという方法だ。

「私は、田舎に住んでいますから、あまり遅くなると帰れなくなっちゃうんですよ。9時まででよろしいですか？」

という具合に帰る時間を伝えると、たいていの相手は、「それじゃ、また今度」

と誘いを引っ込めてくれるのだ。相手の誘いを断るときには、

「いや、残念です。日を改めて、ホントに、ホントに、ぜひ飲みましょう」

とフォローしておくことも忘れてはならない。「飲みたいのだけれども、たまたま都合が悪かった」と感じさせるようなセリフを選んでほしい。受けてはもらえなかったが、誘ってみてよかった、と相手が感じるようになれば一人前である。そのためには、断るにあたっては、残念そうな顔のひとつも見せられるような演技もしておきたい。

一度誘ってきた相手が、二度と誘ってこないのだとしたら、それはあなたの断り方が間違っていたのである。あまりに手厳しく突っぱねすぎたのだ。もしそういう経験があるなら、少しだけやさしい断り方を学ぶ必要があるだろう。

こっそり心理誘導するルール

「ひたすら残念がろう。そうすれば相手も悪い気はしない」

5章

困難な相手を手玉にとる「イメージ操作」の極意

〈人を動かす暗示〉

33 情報を効果的に与えて思考誘導する

直前の情報が思考をゆがめる

私たちは、一連の流れから、その後はこうなるのだろう……という予想を抱く傾向がある。そういう傾向を逆手にとれば、面白いように相手の思考を誘導することも可能だ。

この傾向を読者のみなさんにも理解してもらえるように、ひとつ、問題を出してみよう。これは、『大人のクイズ』（逢沢明、ＰＨＰ研究所）に出ていた面白い問題である。

【問題】頭は英語でヘッド、顔はフェイス、胸はバスト、お尻はヒップ。では、「あそこ」は？

この問題は、直前に身体にかかわる単語をいくつか並べることで、「あそこ」も身体にかかわるもの（男性器や女性器）であると、勝手に思い込ませるような問題になっている。思考を誘導しているわけだ。

相手が顔を赤くして恥じらう姿を楽しむことを狙っているのだが、正解は「ゼア」（there）である。普通、「あそこ」とは、場所を示す言葉だからだ。

もうひとつ同じ著書から引用させてもらおう。やはり、直前に出てくる一連の単語が、思考をゆがめる働きをしている。

【問題】英語で、トラはタイガー、ゾウはエレファントである。ではカッパは?

だまされないように意識していないと、ついつい、生き物にかかわる英語を思いつく努力をしてしまうだろう。

カッパは空想上の生き物であるが、日本の妖怪であるし、英語で何と言うのだろうか、と本気で考えてしまうような問題だ。

しかし、正解は、「レインコート」（raincoat）。答えを言われると、「なあんだ」というくだらないものだが、直前の情報が、私たちの思考をゆがめることが、みなさん自身でも体験できたのではないだろうか。

人を混乱させる情報の与え方とは?

暗示をかけるときには、一連の情報を与えることで、相手を混乱させるのもひとつの方法である。

新聞でも、書籍でも、一連の情報をうまく並べて、読者を誤解させるように思考誘導してあることが少なくない。

たとえば、「中国では、反日意識が高まっている。韓国もそうである。日本はアジア中の、いや全世界の嫌われ者なのだ」という文章があったりする。

本当のところ、中国と韓国以外の国では、日本は世界中で好かれている国であるのが実情であり、2006年2月に英国BBCと米国メリーランド大学が共同で行った世界33カ国、3万人を対象にした調査でも、「世界に最もよい影響を与えている国」としてナンバーワンに選ばれたのは、わが国日本である。マスコミが言うように、日本は嫌われ国家などでは全然ないのである。

都合のいいデータを並べて誤解させる

一連の情報をうまく並べれば、人に暗示をかけることなどたやすい。自分に都合のいいデータをうまく並べれば、相手は勝手に誤解してくれるものなのである。だからこそ、悪用されると思想の誘導もできることになって、大変に怖いのだが。

「血液、血液、血液……」と10回言わせてから、「信号は何色になったら発進していいの?」と聞くと、たいていの人は、「赤」と答えてしまう。

血液からの連想だ。正解は、「青」であるが、こういう思考の誘導のことを、心理学では、**〝プライミング効果〟**と呼んでいる。

プライミングとは、「引き起こすもの」とか「誘発するもの」という意味である。**直前の情報によって、その後の思考が、あたかも自動的に引き起こされてしまうことがあるのだ。**

もし私が、読者のみなさんに暗示をかけ、心理学の本を買わせようとするなら、たぶん次のように一連の情報を与えるだろう。

「仕事で成功してる人は、みんな〝心理学〟をやってるんだってさ」
「ねぇ、知ってた？　心理学の法則ってのは、健康にも役立つらしいよ」
「オレの友だちは、心理学の勉強を始めてから、ツキが回ってきたと言ってるよ」

もちろん、これらの情報は私が思いつきで書いたウソなのであるが、このような情報を何度も聞かされていると、たぶん読者のみなさんは、書店に出かけたときに、ついつい心理学コーナーをのぞくようになるのではないだろうか。

これが暗示による誘導法である。

「プレゼン前に、相手がウンと言いたくなるデータをたくさん集める」

34 「フレーム」を変えて印象を操作せよ

文章の枠組みを変えると、受け取り方も変化する

まず次の文章を比較してもらいたい。

どちらも同じことを言っているのだが、全然違うイメージを与えるであろう。

【例1】

「市議会の半数が、賄賂を受け取っている」

「市議会の半数は、賄賂を受け取らなかった」

【例2】

「この牛肉は、赤身70％です」

「この牛肉は、脂肪30％です」

【例3】

「この方法でいけば、50分の30は成功するでしょう」

「この方法でいけば、50分の20は失敗するでしょう」


文章の枠組みのことを、「フレーム」と呼ぶ。

どのような枠組みで、文章を構成するかによって、つまり、フレームを変えることによって、相手に与える印象はがらりと変わってくることが、これらの例からわかるだろう。

文末が、「半分の議員が賄賂を受け取っている」となっていれば、この文章を読んだ人は「議員はけしからん」という結論を導き出すだろうし、「半分の議員は賄賂を受け取っていない」となっていれば、「へぇ、議員の中にも、真面目なヤツはいることはいるんだな」という結論を導き出すはずだ。

説得力のある言葉に言い換える

人に暗示をかけるときには、フレームに気をつけよう。

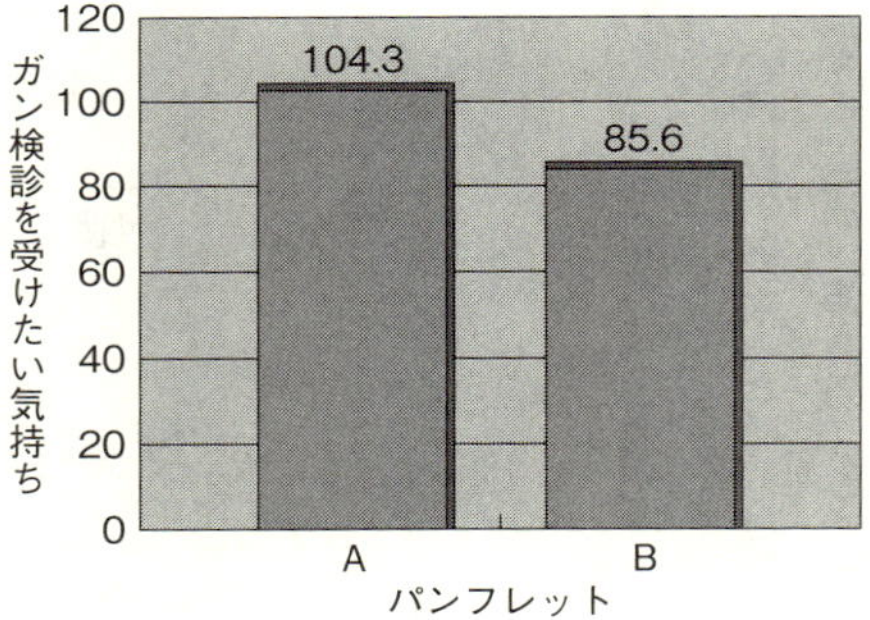

図：小さなフレームの違いが、大きな説得力の違いにつながる
（出典：Cherubini, P., et al., 2005）

たとえ同一のことを伝えるのであっても、フレームを変えるだけで、相手を納得させられることもあれば、逆に、失敗してしまうこともあるからだ。

こんな実験がある。ミラノ大学のP・ケルピーニ博士が、40歳から65歳までのイタリア人220名に対して、次のどちらかのパンフレットを読ませてみた。

【Aのパンフレット】

「40歳を超えたら、ガン検診を受けましょう。検診を受けないと、ガンばかりでなく、重大な病気の発生を見逃すことになり、大変なことになります」

【Bのパンフレット】
「40歳を超えたら、ガン検診を受けましょう。検診を受ければ、ガンばかりでなく、重大な病気の発生を見つけることができ、安心できます」

パンフレットを読ませたあとで、「あなたはガン検診を受けたいですか？」と聞いてみた。すると、Aのパンフレットを見た人たちのほうが、検診を受けたいという気持ちが強いことが判明したのである。

同じことを主張するにしても、「健康を損なう」と脅かされたほうが、「安心できる」と保証されるより、ずっと説得力があったということだ。

説得力のある人とは、普段から、いろいろな表現に馴染んでいて、同じ現象をさまざまに言い換えることができる人である。言語感覚に優れた人と言うこともできるかもしれない。

どういう表現で話せば、相手が納得してくれるのか。

いつでもそのように考えることで、言語感覚を磨いてほしい。

与えたい印象に合わせて言葉を選べ！

35 あえて「ネガティブな表現」をしてみる

「このままではマズい」と思わせる

どんなことを表現するにしろ、ポジティブな表現と、ネガティブな表現のどちらも可能である。心理学では、前者のような表現を、ポジティブ・フレームと呼び、後者の表現を、ネガティブ・フレームと呼んでいる。

前述したように、会話をするときには、なるべくポジティブに話したほうがいいのだが、相手を脅かしたり、恐怖を与えたり、ムリやりにでも動かそうとするときには話が違ってくる。

このようなケースでは、逆に、ネガティブ・フレームで話したほうが効果的になるのだ。

米国アラバマ大学のマーガレット・ロバーソン博士は、運動しない人たちに定期的な運動習慣をつけさせるにはどうすればいいのかを調べるため、次のような2つのメッセージを比較したことがある。

「運動すると、スタミナと持久力がつきますよ」（ポジティブ）
「運動しないと、スタミナと持久力が減りますよ」（ネガティブ）

それぞれのメッセージを運動しない人に見せて、どれくらい説得されたかを調べると、ネガティブなメッセージを受けたほうが、彼らは将来的に運動したくなることがわかった。

私たちは、脅かされると、「このままでは、いかん」と思うようなのだ。

ただし、子どもはポジティブな言葉で育てよう

基本的な日常会話では、ポジティブな枠組みで、会話をすすめたほうがいい。

しかし、相手に言うことを聞かせるときには、ネガティブな表現のほうが効果的なのである（ただし、説得効果は高くとも、嫌われる可能性も高くなるので注意）。

世のお母さんたちは、「歯を磨かないと虫歯になっちゃいますよ」「勉強しない

と、社会の落伍者になりますよ」などと子どもを脅かす。

これらは、ネガティブ・フレームの例である。

私は、個人的には、ポジティブ・フレームで子どもを説得してほしいと願っているが、ネガティブ・フレームのほうが効果的なので、ついついお母さんたちも使ってしまうのであろう。

本当は、「歯を磨くとツルツルして気持ちいいよ」とか「勉強すると、かっこいいよ」などとポジティブに言って聞かせて子どもを動かすのが一番なのだが。

ポジティブな表現で言っても、聞いてくれない人がいる。そんなときには、ネガティブな表現を使って、恐怖を感じさせるのもしかたがない。

上手に両者を使い分けてほしい。相手に好かれたいのならポジティブ、相手に言うことを聞いてもらいたいならネガティブな表現を使うようにするのだ。

「頑固な人には、悪い未来をイメージさせる『ショック療法』も有効」

36 会話の中に〝数字〟を入れると、説得力が増す

「客観的データ」を示すと信用される

人を説得するときには、とにかく「数字」の存在が不可欠である。

どんなことを主張するにしろ、数字が含まれているメッセージのほうが、〝真実っぽさ〟を高める働きをしてくれるからだ。

私も、本を書くときには、できるだけ数値を入れようというスタンスで執筆している。なぜなら、数字が入っているほうが読者のみなさんも納得してくれるだろうと思うからである。

たとえば、次のような数値を入れたメッセージと、数値を入れないメッセージを比較してみれば一目瞭然である。

ちなみに、この数値は実際のデータである。

【数値を入れたメッセージ】
「米国カリフォルニアにあるサクラメント州立大学のラルフ・ジョンソン博士は、１００組の夫婦を対象にした調査を行い、婚外交渉（浮気）している夫の割合は、72%。妻は29%であることを突き止めた。男性は、女性よりも2倍以上も浮気っぽい生きものだと言えよう。」

【数値を入れないメッセージ】
「米国カリフォルニアにあるサクラメント州立大学のラルフ・ジョンソン博士は、夫婦を対象にした調査を行い、婚外交渉（浮気）している夫の割合が、女性よりも高いことを突き止めた。男性は、女性よりも浮気っぽい生きものだと言えよう。」

一読してわかるとおり、数値が入っているほうが、ずっと迫力が出る。もしこれから自分が話すメッセージの中に、数値を入れられるなら、どんどん入れたほうがいいわけである。

数値は、ないよりは、あったほうがいいというレベルではなく、絶対にあったほうが有利である。

数値があると、そのメッセージは、

・科学的っぽく見える
・主観を交えていないように見える
・真実だと思われる

などのメリットがあるからである。手元に数値がないのならともかく、あるのであれば、それを必ず伝えるべきなのだ。

ワシントン大学のリチャード・ヤルチ助教授もまた、126名のビジネスマンを対象にして、数値を含むメッセージ（コンピュータを導入すると、人件費は5％から45％も削減できます）と、数値を含まないメッセージ（コンピュータを導入すると、人件費がかかりません）を比較してみたところ、前者のほうが、はるかに説得効果が高くなるという結果を得ている。

人を説得しようと思うなら、数値を入れたほうがいいということがこの実験からもわかるであろう。数値があると、聞く人も、「そうなんだ」と素直に受け入れてくれる確率がぐんと高くなるからだ。

数値は入れたほうがいいが、もっと巧みに思考操作をすることも可能である。

その方法は、小さな数値ではなく、大きな数値を入れろという技術なのであるが、これは項を改めて次に紹介していきたい。

「説得したいならメッセージに数字を混ぜる」

37

小さな数字は、「大きな数字」に変換する

商品ラベルやチラシの数字には、トリックがある

先ほど、数値を入れたメッセージは説得効果が高いという話をしたが、さらにもうひとつの技術を付け加えよう。

それは、どうせ数値を使うなら、なるべく大きな数値に変換して使いなさい、というテクニックだ。

化粧品やシャンプーなどには、よく、「××が■ｐｐｍ配合」などと書かれたものがある。

たとえば、「アロエ成分が１０００ｐｐｍ配合」と書かれていれば、普通の頭の持ち主であれば、素直に「アロエの成分がたっぷり入っているんだな」と思うはずである。

しかし、これは数字のトリックなのだ。

「1000ppm」と言われると、数字が1000であるだけに、「けっこう大きな数」だと思ってしまうのだが、ppmというのは、100万分の1を意味する。

つまり、1000ppmとは、パーセントになおすと、わずか0・1%。大きな容器に何滴かアロエを垂らせば、それはもう立派に「アロエ成分1000ppm配合」になってしまう。

もちろん、ドラム缶にわずか数滴のアロエ液を落としてみたところで、アロエの保湿効果など、ほとんど期待できそうもない。なぜ、「アロエ成分が0・1%だけ、配合されています」と書かないのか。

その理由は、せっかく数値を入れても、

それがあまりに小さな数値だと、説得効果がないからである。どうせ数値を使うなら、景気のよい大きな数値を使ったほうがお客にも納得してもらいやすいのだ。

ミリオンセラーはどのくらいすごいのか？

最近、よく耳にする「ミリオンセラー」もそのひとつ。ＣＤやＤＶＤが１００万枚売れることを、ミリオンセラーという。

あるＣＤがミリオンセラーと報じられると、ほとんどの人が買っているのではないか、とさえ錯覚してしまう。「１００万」という数は、かなりの数だからだ。

しかし、考えてみると、日本の人口は1億人以上。

だとすると、その中の「１００万」というのは、割合としては1％未満。

つまり、１００人の国民を集めてきても、99人はそのミリオンセラーを買っていない、という計算になる。ミリオンセラーといっても、実は、たいしたことはないのである。

統計や調査データの数字のカラクリ

人を暗示にかけるときには、小さな数字を大きく見せる、というトリックが有効であることが、この例からもわかるであろう。「日本人のわずか1％が感動した映画」と言われても、「なんだ、たいしたことないな」と思われてしまうものだが、数字を変えて、「100万人が感動した映画」にしたら、どうであろう。

こちらのほうが、見てみたいという気持ちを強めるのではないだろうか。**同じことを表す場合でも、小さな数字よりは、大きな数字のほうがインパクトは強いのだ。**

インチキの数字をデッチ上げるのは、倫理的に問題がある。しかし、小さな数字を大きな数字に変換するのは、単なる変換であって、数字をデッチ上げるわけではない。その意味では、良心を痛める必要もないので好都合だ。

数字をどのように変換すればよいかについては、『「社会調査」のウソ』（谷岡一郎、文春新書）や、『議論のウソ』（小笠原喜康、講談社現代新書）などの本が参考になる。

どちらの本も、統計・調査データに騙されないようにしよう、というスタンスで書かれたものであるが、裏返して読めば、「こうすると、人を騙せるのだな」ということがよくわかる良書である。

「数値の『単位』を変えるだけで、大きな数字に変身する」

38 〝詳しく、具体的に〝話すと、信憑性《しんぴょうせい》が出てくる

詐欺まがい広告の巧妙な手口

かつて「超能力養成講座」などという詐欺まがいの通信講座があった。

世の中には、さまざまな通信講座があるものだが、こんな通信講座も本当にあるのである。

そのコピーを見ると、「受講者の97％が超能力を発揮。100％達成できずすみません！」と信じられないことが書かれている。

読者のみなさんもわかると思うが、数値を入れて説得力を増そうとしているのだ。さすがにこのコピーでは、100％だとウソっぽく聞こえると思ったのか、97％という微妙な数値にしているところも、うまい。

しかもまた、この通信講座のコピーには、悪用してはならない例までもが親切に載せられていた。

それを見ると、「女性の裸を念写して写してしまうこと」、「お年寄りの目の前にテレポーテーションして驚かせてしまうこと」などと書かれている。

ここまで書かれれば、期待してしまうのが人情だ。

このコピーでは、**〝詳しく、具体的に〟話すと、真実らしく聞こえる**という心理学的な法則が利用されている。

たとえウソの話でも、詳細にもっともらしく語られると、私たちは、そこに真実性を見出してしまうものなのだ。

面接試験では、できることを詳しく話せ

暗示コミュニケーションでは、〝詳細に語れ〟という一般法則がある。

できるだけ具体的に、できるだけイメージしやすい話をすればするほど、人は暗示にかかって、言うことを聞いてくれやすくなるのだ。

わかりにくい話はダメである。すぐに頭にイメージが浮かぶような話を心がけなければいけない。ワシントン大学の心理学者ブラッド・ベルは、**詳しく話をすると、信憑性が32％も高まる**ことを実験によって確認している。

詳しく話して聞かせていると、「この人は本当の話をしているに違いない」と相手に思いこませることも簡単なのだ。

たとえば、ある会社に中途採用で応募した人がいるとしよう。

この人が、「私は英語ができます」とアピールしても、たいして高い評価は受けない。漠然としすぎているからであり、説得力に欠けるからである。

しかし、そのメッセージをもっと詳しくして、

「私は、英会話には少し自信がありませんが、英語でのビジネス文書や契約書作成なら、だれにも負けない自信があります。

翻訳業務もできます」

と述べたらどうか。こちらのほうが、はるかに説得力がある。なぜなら、自分ができることを〝詳しく〟語っているからである。

どんな話でも、たとえそれがインチキでも、詳しく語れば語るほど、「信頼できる話をしているのだな」と暗示にかけることができるわけだ。

私が、「俺は女性にモテる」などと言ってみても、私の友人たちは笑って信じてくれないだろう。

しかし、私がもう少し話を具体的にして、これこれの年齢層の女性にはモテるとか、私は相談に乗ることによってやさしさのアピールをするのがうまい、などという詳しい話をデッチあげるなら、「本当なのかな？」と思わせることもできるかもしれない。詳しく語られたことほど、人は信用しやすいものだからだ。

「最大限自己アピールしたい場面では、細部をリアルに語って落とせ」

39

人間の「基本欲求」を刺激すれば、一気に注目される

視聴率がアップするタイトルの法則

テレビの視聴率調査によると、ドラマの場合、**タイトルに「殺人」をつけると、平均して1・6%視聴率が上がり、「グルメ」がつくと2%、「美人」「OL」がつくと3%も視聴率がアップする**という。

なぜ、これらの単語があるだけで視聴率がアップするのか。それは、それぞれの単語が、視聴者にとっての興味を引き出す役目を果たしているからである。

日本語の中には、何の感情も引き起こさない中立的な単語もあれば、感情を揺り動かすような働きをする単語もある。たとえば、「消しゴム」や「石」などは、どちらかというと中立的な単語であり、こんな単語を耳にしてもあまり興味・関心はかきたてられない。私たちとのかかわりが、とても薄いからだ。

しかし、そこに私たちが興味を持つ要素を付け加えると、話は違ってくる。

単なる消しゴムや石ではなく、「女弁護士がよく使う消しゴム」とか、「石焼のグルメ鍋」となると、興味を引かれるわけだ。

人に話を聴いてもらいたいのなら、「おっ!?」と興味を引かなければならない。注目してもらわないことには、どんな話をしてもムダだからである。

そのためには、人に注目してもらえるような単語やフレーズを巧みに織り込むことで、こちらの話に目を向けさせる必要がある。

理論よりも、身近なメリットで人は動く

では、具体的にはどのような単語を使うとよいのか。

正解をいえば、私たちの「基本欲求」に関係するものが望ましい。**食事、健康、平和、安全、セックス、睡眠、恋愛など、人間の基本欲求にかかわるものであるほど、相手は注意を引かれ、あなたの話に関心を示してくれる**という寸法である。

私は、講演やセミナーをするときには、なるべく人間の基本欲求にかかわるような事例などをあげて話をする。なぜなら、そういう話を盛り込んだほうが、参加者が熱心に話を聞いてくれることを経験的に学んだからだ。

「心理学には、これこれの理論がありまして……」などと話をしても、参加者からはあくびが返ってくるだけであるが、

「こうするとみなさんは人気者になれますよ」
「こうすると、お金が儲かりますよ」

などと、参加者の欲求を刺激する話をすると、みんな目を皿のようにして話を聴いてくれる。上手に欲求を刺激するようなテーマを盛り込んでいくのがポイントである。

大真面目な心理学の話をしているときには、うつらうつらと眠そうな顔をしている人が多かったので、

「それじゃあ、長生きするための心理学的なコツをお話ししましょうか」

と話題を変えたことがある。すると、とたんに、いきなり全員が顔を上げたの

だ。そのときの参加者にはお年寄りが多かったので、心理学のお話などより、自分の身体の健康に興味があったのであろう。

この場合、「長生き」という単語が、彼らの興味を引いたのだ。

どんなにありがたい話でも、聞いてもらえなければ意味がない。相手の欲求をよくつかみ、それを満たすような話を切り出せば、相手は必ず耳を貸してくれる。馬耳東風にならないように注意しよう。

目の前の人間が、退屈そうにしていたり、つまらなそうにしていたら、それは相手が悪いのではなく、そんな話題を出したあなたが悪いのである。相手が少しでもつまらなそうな顔をしたら、さっさと話題を変えてあげよう。

「欲求を刺激すれば、意識を釘づけにできる」

40 「間接暗示話法」なら、相手をコントロールできる

直接言われないほうが説得されやすい

ある大学近くの地下鉄の駅では、「○○大学の学生は、階段を利用すること」というプラカードが立てられたことがある。

学生がエスカレータを利用すると、お年寄りや一般の乗客に迷惑がかかるし、「若者は若者らしく、歩け」という方針である。これは大変によい試みであった。

さて、このプラカードが立てられると、当然ながら、学生たちは階段を利用するようになった。

大学当局の狙いどおりである。しかし、ここで驚くべきことが起きた。なんと、その大学の学生だけでなく、その地下鉄を利用する一般客たちも、すすんで階段を使うようになったのだ。

この事例から、次のようなことが言える。

もしあなたがだれかを説得しようと思うとき、その本人に直接語りかける必要はない。むしろ、まったく無関係な人に話しかけ、その本人に漏れ聞かせるようにすれば十分なのである。

たとえば、ある部下に注意をしようとするとき、その部下に直接言わなくとも、別の部下を叱りつけてもかまわない。

そうすれば、あなたが本当に注意したい部下も気がついて、「俺も気をつけなきゃ」と思ってくれるものなのだ。

この方法は、〝**間接暗示話法**〟と呼ばれる。

あなたが本当に狙った人に直接話しかけるのではなく、むしろ間接的に伝わることを期待するという方法だ。

猫はいいなぁ
1日中寝てても
クビにならない
ZZZ

直接的に注意したりすると、本人が傷つくと思われるときには、こちらのほうが優れた方法であるといえるだろう。

間接的に伝えられたほうが、私たちにとっても、受け入れやすいのかもしれない。学生に対して、「階段を使え！」と言っただけなのに、他のサラリーマンやOLたちまで階段を使うようになったのは、そのためである。

長嶋茂雄さんがよく叱られた理由

巨人のV9時代を築いた監督の川上哲治さんは、新人選手に叱りたいことがあるときには、わざとスター選手だった長嶋茂雄さんを呼びつけ、新人に聞こえるように叱りつけたという。長嶋さんは、叱られるとかえって発奮するタイプだったので、これには二重の効果があった。というのは、川上監督は、新人を直接的に怒鳴るのではなく、間接的に叱るという方法をとったのだ。

兄弟姉妹のいる家庭の親御さんは、お兄ちゃんやお姉ちゃんを叱ることで、弟や妹にも注意させるというテクニックを使ったことがあるはずだ。

これも間接暗示話法である。

「お兄ちゃん、こういうことしちゃダメでしょ」と叱ることで、間接的にではあるが、下の弟や妹にも注意を促すわけだ。

映画監督やテレビのプロデューサーが、下っ端のＡＤなどをつかまえて、**「お前のせいで、俳優の○○さんが、いい演技ができないんだ！」**と怒鳴るのも、本当は俳優さんに注意したいのだが、間接的にやっているのである。

怒られるＡＤにとっては迷惑であるが、それはしかたがないといえる。

人に暗示をかけるときには、少々、まわりくどいように見えても間接的にやったほうがうまくいく。

とりわけ、小言やら注意やら文句を言いたいときには、そうしたほうがいい。

もちろん、直接怒られた人には、**「さっきはすまなかったな。本当はお前を怒りたかったんじゃなくて、○○に言いたかったんだ」**ときちんとフォローしておくことも忘れてはならないが。

「無関係な人を叱って、間接的に伝えよう」

41 言いにくいことは「比喩《ひゆ》」を駆使して伝えろ

トップセールスマンは「たとえ話」がうまい

人に話をするときには、なるべく詳しく、具体的に話をしたほうがいいよ、という話をした。

具体的な話をすれば、それだけ鮮明に相手の記憶に残るからである。

この原理は、「比喩を使って話をしろ」という技術にも当てはまる。**比喩を使って話すと、相手は、その内容を理解しやすくなる。**つまり、具体的に話をした場合と同じように、鮮明に記憶に残るのである。

カナダにあるコンコルディア大学のダニエル・ロバーツによると、**トップセールスマン（コミッションや収入で判断した）の、セールス話法を分析してみると、彼らは鮮明なイメージが浮かぶように、比喩を多用していることがわかった**のである。

彼らは、

「本を買うのは、投資と一緒ですよ。いわば、ダイヤモンドを買うようなものですね」

という具合に、たとえ話や比喩を使うのがうまかったのだ。

イエス・キリストは、話を聴く人々が、自分の目と耳で確かめられるように、「たとえ話」をするのがうまかった。

キリストが民衆に好かれたのは、高尚な宗教的談義をしていたからではなく、だれにでもわかるような話しか、しなかったからである。

世界中の子どもに愛読されているイソップ物語には、たくさんの教えがつまっている。しかし、そうした要点を説明するのに「たとえ話」が使われているため、子どもでも楽しく読めるのだ。道徳や正義などの難しい思想を、「たとえ話」で示しているから、子どもでも馴染みやすいのである。もしイソップ物語が道徳書であったら、だれも読まなかったであろう。

〝角を立てずに釘を刺す〟うまい言い方

比喩の話法を身につけると、言いにくいことを伝えるときにも便利だ。

たとえば、上司から面倒な調べものを頼まれたとしよう。あなたは、少し調べるだけで終わりにしたいと願っている。

こんなときには、比喩を使って聞けばいい。**「まさか海水を全部沸かすような必要はありませんよね？」**と。

これなら、やんわりとではあるが、必要なことしか私は調べませんよ、と釘を刺すことができるだろう。

話が上手な人は、「たとえ話」の名手でもある。相手が少しでもわからないという顔をしたら、「たとえばね……」と言える人ほど、話がうまいのだ。もちろん、これができるためには、頭の柔軟性も必要とされるが。

私は、あまり引き受けたくない仕事の依頼をされたときには、「やりたくありません」ではなく、比喩を使いながら、

「そういう仕事は、〝今はお腹がいっぱい〟という感じなんです、すみません」

と断ることにしている。これならば、まだしも相手も怒らないという判断だ。

取引先に仕事を急いでほしいときには、「大急ぎで頼むよ」では、相手をせかしているようで、大いに嫌がられてしまう。

その点、比喩を使って、

「火事場にかけつける消防車のスピードでお願いね」

と言うだけなら、説得効果も高くなり、相手も納得してくれやすくなるのではないかと思われる。

「鮮明なイメージを伝えれば、相手も納得しやすい」

42 「反対の意見」も、それとなく混ぜ込め

天《あま》の邪鬼《じゃく》な心理を利用せよ

ある一方の意見ばかりの人が集まる会合のようなものに、みなさんは参加したいと思うだろうか。たとえば、反戦運動。私は、参加者全員が、平和、平和と叫んでいる奇妙な集会に参加したいとは思わない。

ある一方の意見ばかり聞かされると、「本当なのかな?」という疑う心が芽生え、わざと逆の意見を持ちたくなってしまうからだ。これは私だけの話ではなくて、人間にはそのように天の邪鬼な心理があるのである。

人を説得するときには、反対の意見もそれとなく混ぜ込むとよいだろう。そのほうが相手はあなたの言うことを聞いてくれる確率が高まる。

会議に参加した４人が同じことを主張するより、３人がそれを主張して、１人が反対する場合のほうが、私たちはその主張を受け入れやすいのだ。

全員が同意見だと、うさんくさく感じる

カリフォルニア大学のC・J・ネメスは、47名の女子大生にある裁判の記録を読ませ、5人のグループで結論を出すように話し合いを求めたことがある。

仕事中にケガをした修理工が会社に補償を求めている、という裁判記録を読ませて、どれくらい補償すべきかを5人で話し合わせたのである。

ただし、本当の参加者は1人で、残り4人は実験のサクラであった。サクラたちはあらかじめ口裏を合わせておいて、

・4人すべてが「補償は少なくていい」と主張する
・3人が「補償は少なくていい」と主張し、1人が「もっと多くてもいいんじゃないか」と反対する

このどちらかの態度をとってみたのだ。

その結果、**1人くらい反対者が混じっていたほうが、参加者は「補償は少なくて**

いい」という意見に傾くことが判明した。さらには、**全員が同じことを主張すると、かえって逆の意見にさせてしまう**こともわかった。

相手をソノ気にさせる上手な懐柔法

もしあなたがだれかに言うことを聞かせたいときには、一方的な主張になっていないか、よく考えてみるといいだろう。

「タバコをやめなよ。健康にも悪いし、頭も痛くなるし、寿命は短くなるし、いいことなんか何もないんだから」

と一方的な主張をしても、喫煙者は納得しない。

けれども、あえて反対意見を混ぜ込みながら、

「タバコをやめなよ。まぁ、吸えばスッキリするっていう理由もわかるんだけどさ、健康を害するかもしれないから」

と言われたほうが、まだしも禁煙しようという気になるものである。最初から一

方的な話をされると、私たちはヘソを曲げてしまうところがあるのだ。

職場の人たち全員が寄り集まって、ある特定の人をつかまえて「遅刻はするなよ」という注意をしたとしよう。みんながこぞってそう言ったとき、彼は言うことを聞くだろうか。心理学的に見ると、聞かないことが予想される。

しかし、だれか一人でも反対して、「遅刻したっていいじゃん」と言ったらどうか。こうしたほうが、彼は遅刻しなくなると期待できるかもしれない。反対意見があったほうが、私たちはその主張が正しいと思えるからである。

「真の目的を達成するために、あえて逆の意見も聞かせる」

6章

「プラスの自己暗示」で一気にパワーアップする！

〈自分を元気にする暗示〉

43 「すべてが自分の思うまま」と自己暗示をかけろ

「自己効力感」は大事である

物事はすべて自分の思いどおりになる、という思い込みを持とう。自分の力を信じて、どんなに困難な状況も乗り切れると思い込んでいる人間は、強い。どんな逆境にもめげない精神力を手に入れてしまおう。

心理学では、自分の運命は自分で切り開いていけるという信念のことを、**〝自己効力感〟**と呼んでいる。こういう信念を持つことは何にも増して重要である。**「俺が本気を出しさえすりゃ、何とかなるさ」と根拠もなく思い込んでしまうのがコツ**である。

自己暗示というのは、いわば自分を騙す方法であるが、運命はすべて自分の思うがまま、というコントロール感を持つことさえできれば、どんな仕事に従事していても成功する可能性は高くなるのだ。

「コントロール感」を持つ人は年収も高い

アメリカ南部メリーランド州にあるタウソン大学の経済学者メリッサ・グローブズは、米国と英国で行われた国勢調査データを再分析し、どういう人ほど、仕事で成功するかを調べている。

グローブズは、「どうしてある種の人たちばかり、ビジネスで成功するのだろう？」ということに興味を持って、学歴や教育歴、さらには本人の性格などから、その人の年収を予測できないかと考えたのである。その結果、本人が自己効力感を持っていれば持っているほど、年収が高くなるという傾向が見つかった。

つまり、**「あなたはどれくらい自分にコントロール感があると思いますか？」と質問してみれば、その人がどれくらいの年収を稼いでいるかも予測できる**のだ。コントロール感を持つことの重

要性が、このデータから読み取れる。

運命は、人生は、自分の思うがままなのだ。

「俺が、こうすれば、必ず、こうなるだろう」というコントロール感を持つことほど、その人にとって有益なことはない。

鉄道王として知られるアンドリュー・カーネギーも似たようなことを指摘しているし、ロシアの作家ゴーリキーも言っている。**「才能とは、自分の力を信じることである」**と。

なお、自分に暗示をかけるときには、自分のことを大好きになってしまうことが一番のポイントである。

自分のすべてを受け入れてあげ、自分自身のファンになってしまうのだ。

「俺って最高だもんね」と思わなければ、どんな自己暗示も無意味である。自分のことを愛してあげなければ、自己暗示は効果を発揮しない。自分の才能、実力、運命を微塵も疑わない姿勢が重要である。

もし自分のことを少しでも疑う気持ちが残っていると、暗示力はどんどん落ちてしまうので気をつけたい。

まずは自分の「よいところ探し」をすることで、**「俺はなかなか捨てたもんじゃない」**という気持ちを育んでほしい。

「自分のファンになれば、仕事も人生も楽しくなる！」

44 成功したければ「陽気なキリギリス」になれ

楽観的に生きれば幸運が訪れる

読者のみなさんは、どれくらい暗い顔をしているだろうか。

街中を歩いていると、まさに「この世の終わり」といった表情でとぼとぼと歩いている人を見かけるが、そういう人に幸運が訪れるとは思えない。

毎日を楽しく暮らさなければダメである。

勤勉なアリではなく、陽気なキリギリスでいいのだ。

ギリシャにあるクレタ大学の心理学者エヴァンゲロス・カラデマスは、4つの保険会社で働く201名のビジネスマンを調べ、楽観的な人ほど、仕事でうつになりにくくなるという結果を報告している。楽観的な人は、少々のことでは落ち込んだりしないのだ。

M・セリグマンが書いた『オプティミストはなぜ成功するか』（講談社）は、どなたにもぜひ一読してほしいと思う良書である。

この本を読めば、楽観的であることが人生の勝ち組になるためにどうして必要なのかの理由がはっきりわかる。

スポーツ選手にしろ、政治家にしろ、もちろんビジネスマンにしても、**どんな領域でも成功をおさめている人は、みな楽観的な人ばかりなのだ。**

物事を悲観しやすく、過ぎ去った昔のことをいつまでもめめしく思い返しているばかりの人は、だれからも相手にしてもらえなくなる。

私は、寡聞にして、悲観的な人が好かれたという話を聞いたことがない。好かれる人は、例外なく、豪放磊落《ごうほうらいらく》、とにかく陽気で明るい人なのだ。

表情を明るくすれば、たくさんの人が集まってくる

もしあなたが明るく努めようとすればするほど、それに正比例する形で、あなたの周囲にやってくる人は増えていく。まるで光に集まってくる昆虫のように、人々があなたに吸い寄せられてくるのである。

異業種交流会や各種パーティで、1人でぽつんとしている参加者がいる。彼の性

格は、簡単に予想できる。

そう、おそらく彼はとても悲観的なのだ。それが顔の表情に出ているから、だれも近寄ってこないのだ。

もし彼が楽観的な性格なら、にこにこと微笑みを絶やさないので、初対面の人でも気軽に声をかけてくる。だから、彼の周りには人がたくさん集まってにぎやかになるはずである。

図々しいぐらい、バラ色の未来を空想しよう

将来に対して不安を感じやすく、新しいことをやろうとしてもリスクばかりが頭に浮かぶのなら、少しばかり悲観的すぎるのかもしれない。

もっと人生を明るく生きよう。バラ色の未来を空想したほうが、灰色の未来を頭に思い浮かべるより、ずっと楽しいのだから。

楽観的になるコツは、悲観的な思考が心に思い浮かぶたび、「これじゃ、いかん！」と自分でストップをかける習慣を身につけることである（これを**「思考停止法」**と言う）。

そしてすぐさま、自分が楽しめるような快適な未来を想像するようにするのである。

こういう訓練を3週間もつづければ、間違いなく、悲観的な思考が影を潜め、代わりに明るいことばかりを考えられるようになる。

「暗い考えがよぎったら、すぐさま最高に楽しいシーンを描いてみる」

45 心の動揺は、ボヤのうちに消せ

自分に〝負の暗示〟をかけていないか

仕事というのは、ルーティンの部分が多いものだが、それでもそれなりに予想外の事態が起きるものである。

しかし、それでも毎日ビクビクしながら仕事をしてはいけない。たとえ予想外のことが起きても、どっしり構えていればいい。大丈夫、たいていのことは結局のところ、そのうち何とかなってしまうものなのだから。

ちょっとしたことですぐに心が動かされ、感情が動揺しやすい人は、仕事もうまくいかない。一般的な傾向としていうと、**感情的に動揺しやすい人ほど、仕事で損をすることが多い**のだ。

ノルウェーの心理学者エレン・ナイフスは、ノルウェー国内での家計や収入を調べたデータベースを使って、どういう性格の人が収入が多いのかを分析してみた。

その結果わかったのは、「感情的に動揺しやすい人は、お金を稼げない」ということだった。これは男女とも、そうであった。

自分でも想定していないことが起こると、「ああ、もう、ダメだ……」と口にする人は、仕事もうまくいかない。おそらくこういう人は、ちょっとしたことで、自分に〝負の暗示〟をかけてしまう名人なのだろう。

感情的に動揺しやすい人は、雨が降ってきただけで、「今日はもう仕事がうまくいかない」と思い込んでみたり、ちょっと上司に叱られただけで、まるで死刑宣告を受けた罪人のように動揺しがちである。

そうやって〝負の暗示〟を自分にかけてしまうものだから、本当にうまくいかなくなってしまうのだ。

動揺しはじめたら、すぐに自分を励まそう

感情というのは、自分が何かをするときの大切な基礎であり、土台である。

その土台がぐらぐらしていると、その上に何を積み上げても崩れてしまうに決まっている。どっしりと感情を安定させ、その上で安心して仕事をしなければうまく

いかない。

とはいえ、感情が動揺しないようにするのは難しい。気分が昂ぶったり緊張したりするのは人間の本性だから、そういう感情をなくすのは難しいのである。

ではどうすればいいかというと、動揺しはじめていると感じたら、すぐに、

「ちょっと落ち着けよ、大丈夫だって。この前だって、大丈夫だったじゃないか。その前だって、何とかなったじゃないか」

と自分に声をかければいいのである。

動揺しはじめたとたんに、すぐさま声をかけるのが大切である。早く声をかけてあげればあげるほど、動揺は小さくてすむからだ。

私は、これまで何回の講演をやってきたのかわからないが、いまだに演台に立つと手足が震えて、緊張する。緊張自体は、どうやってもなくならないらしい。

しかし、自分をごまかすというか、緊張していてもすぐに立ち直る方法を身につけた。

その方法こそ、緊張するとすぐに、

「大丈夫だよ、いつも緊張するのは最初だけじゃないか」

などと自分に言い聞かせることなのだ。

火はボヤのうちに消せば、大火事にならない。

人間の動揺も、それと似ているのかもしれない。心理的な動揺を未然に防ぐことは難しいが、まだ大事にならないうちに対処することは可能である。

「感情が豊かな人ほど、プラスの自己暗示もよく効く」

46 失敗したときは、大いに〝負け惜しみ〟しろ

うまくいかないのは「自分以外」のもののせい

仕事上で失敗すると、だれでも気分が落ち込んでしまう。負の暗示を自分にかけてしまうので、「俺は、このまま一生、浮かばれない人生を歩むのではないか」と思い込んでしまうものなのだ。

そういう鬱屈《うっくつ》した気分を吹き飛ばすコツは〝負け惜しみ〟をすることである。

〝負け惜しみ〟をすれば、悪い原因を自分ではなく、他になすりつけることができるので、落ち込んだ気分を吹き飛ばせるのだ。どんどん負け惜しみしてほしい。

たとえば、契約直前になってお客がゴネ出し、契約が破棄されてしまった場合。こんなときには、もうこれ以上ないくらいの〝負け惜しみ〟を並べてしまうのだ。

「契約がダメになったといっても、ゼロに戻っただけじゃないか。マイナスにな

ったわけじゃない。俺が実害をこうむったわけじゃないさ。だいたい、なんだよ、あの会社、将来性なんて、これっぽっちもないじゃないか。社長もワンマンだし、つき合いにくくてしょうがないよ。これで遠慮なく他社に売り込むチャンスができたってもんさ。ああ、せいせいした」

これでオシマイ。負け惜しみをすれば、落ち込むというよりは、むしろ未来への活力まで湧いてくる。

これを心理学では、〝すっぱいブドウの論理〟と呼んでいる。自分が努力しても手に入らなかったブドウは、「なんだよ、あんなブドウはすっぱいのさ」と言ってしまえば、気分がラクになるのだ。

過ぎ去った昔のことなど、いくら後悔しても遅い。こんなときには、負け惜しみの言葉を吐いて、将来に向かえばいいだけの話である。

たとえ自分が悪かったことが明瞭でも、他人に責任をなすりつけてしまうのがポイントだ。私など、たとえ自分の本が売れなくとも、あまり気にしない。それはなぜかというと、**〝すっぱいブドウの論理〟**を使っているからである。

私の本が売れないのは、編集者のせいであるし、カバーを担当したデザイナーのせいであると思い込んでいるので、私自身は、少しも気にしないでいられるのである。もちろん、そんなことを担当の編集者に言ったら気を悪くするので絶対に言わないけれども。

たとえビジネスで失敗しても、そんなに深く落ち込むことはない。

ビジネスは、いってみれば宝くじを買うのと一緒で、うまく当たるときもあれば、当たらないときもあるのだ。「ハズレ」のほうが「当たり」よりも多いところなども、ビジネスと宝くじはそっくりである。

宝くじを買うとき、いちいち「ハズレ」で気落ちする人はいないと思うが、仕事で失敗したときも同じでいいのだ。宝くじが当たらない責任など自分にあるわけがない。ビジネスも同じで、「まぁ次に当たればいいや」と気楽に考えることである。

後悔にピリオドを打てば、明日が待ち遠しくなる

仕事で失敗したとき、最悪なのは、自分のことを卑しめるような暗示をかけてしまうことだ。反省したり、後悔したりすると、たいていはそういう暗示にかかってしまう。

反省してもいいが、キリのいいところで切り上げて、**「まぁ、いいか。俺のせいばかりとも言えないしね」**と、負け惜しみのひとつも言って終わりにするのがスマートなビジネスマンであるといえよう。

負け惜しみが言えない人は、悪いのは全部自分だと、自分を追い込む。精神的に悩み、うつになったりする。ひどい場合には、自殺したりする。そんな傾向が好ましいわけがない。楽しく仕事をしたいなら、失敗したときには、負け惜しみを言うことだ。

「失敗しても次がある。今日から気持ちを切り替えていけばいい」

47 毎日、自分に自惚《うぬぼ》れろ！

自信に満ちあふれた人間になれる

フランス中西部ビエンヌ県にあるポアティエ大学の心理学者ナタリー・アンドレは、「自分は幸運だ」という思い込みを持っている人の約5人に1人は、自分に自信を持てることを突き止めている。

つまり、俺は幸運の女神に愛されているんだと信じていれば、自信をアップさせることもできるということだ。

どんな仕事をするにしろ、自信がなければやっていけない。

自分の才能と実力を疑わず、俺は最高なんだ、ツイている人間なんだと思えるからこそ、**「どんな仕事も俺にまかせておけ！」**という気持ちになれるのだ。

自信がないのに仕事をしていても、うまくいくはずはない。

だからこそ、どんどん自分自身のことをホメてあげる必要がある。「自惚れている」と言われようが「ナルシスト」と陰口を叩かれようが、まずは自分はツイている人間だという気持ちを高めよう。

「俺はツイているもんね」

「俺は神様に愛されているもんね」

こういう感じのセリフを、自分自身にかけてあげるのだ。

朝から晩まで、そうやって自分に言い聞かせるのだ。そういう信念をまったく疑わなくなったとき、あなたは自信に満ちあふれ、どんな仕事もこなせる人間になっているはずだ。

つまらぬ目標では、潜在能力は発揮されない

「もっと上手に話せるようになりたい」とか、「仕事のダンドリがうまくなりたい」などということは、つまらない目標である。そんな目標で自己暗示をかける必要はない。

自己暗示をかけるときには、「俺は最高にツイている人間なんだ」ということを念じるだけでいい。

自信さえつけば、話し方もうまくなるし、仕事のダンドリもうまくなるし、要するに、あらゆるところで、自分の潜在能力が発揮されるようになるのだから。

自信がある人ほど、能力もドンと開花する

自分が不幸だと思っていて、そういう運命からは逃れられないと思っていては、自信がつくはずはない。

そういう人は、英語を話せるようになりたいとか、資格をとりたいなどという目標を持つのではなく、それよりもまず自信をつける自己暗示をやってみるのが先決だ。自信をつける自己暗示をやる場合には、「もっと自信がつきますように」ではなく、

「私は幸運な人間なんだ、絶対にツイているんだ、何をやっても幸運の女神が助けてくれるんだ」

という具合に念じるのがよいだろう。

自分の能力や才能について、微塵も疑いをさしはさまないところにまで自己暗示を成功させれば、あなたは何をやっても成功する。そのことをイメージし、にやにやしながら楽しく自己暗示をやってほしい。

もともと自己暗示は楽しくやらないと、効果もあがらないからだ。

ついでにいうと、会社で自信をもつようになると、職場に対する不満を感じにくくなる、という論文も発表されている。

アメリカのニューヨーク州東部にあるトロイ州立大学のM・ヘック博士が、317名の学校の先生を調べたところ、自信がある人ほど、職場でいきいきと仕事をしていたというのだ。

やはり自信を持つのは、大切なことなのである。

「一日の始めと終わりに、最高の言葉で自分をホメよう」

48 次から次へと目標を立てていけ

徐々にハードルを上げていくのがミソ

芥川龍之介の短編に『芋粥《いもがゆ》』という話がある。「芋粥を飽きるほど食べてみたいものだ」とつねづね思っていた男が、実際に山のような芋粥を前にすると、どうにも食欲がなくなってしまう、という話だ。

夢や希望や目標が小さいと、それが叶ったときに、かえって落ち込んでしまうことが少なくない。

だから**自己暗示をかけるときには、なるべく「手が届きそうで届かない」というレベルに設定しておくのがミソ**である。あるいは、手が届きそうになったら、ハードルを一段上げるのだ。

最初は、小さな目標からスタートしてもいい。しかし、その目標に手が届きそうになったら、すかさず次の目標を決めなければダメである。

もし当初の目標を変更せず、それを叶えてしまったりすると、まさに芋粥をどっさり手に入れた男のように、「なんだかなぁ」という気分になってしまうからである。

自分を成長させる目標の立て方

たとえば、「俺はイラストレーターになるぞ」という自己暗示をかけたとしよう。寝ても覚めても、イラストを描くことを夢見て生活しているとしよう。

あるとき、たまたま出版社にツテができて、運よく、イラストを挿絵として発表できることが決まったとする。自己暗示の成功である。万々歳だ。

ところが、大切なのは、この後だ。もし

このとき、すかさず次の目標を決めないと、夢が叶ったことで満足してしまい、花火を一発上げて終わってしまう可能性が大きいのだ。私は、これまでにそういう人を何人も見てきた。

もしイラストを描きたいという夢が叶いそうになったら、次には、夢を変更するのがいい。

「1冊だけじゃなくて、少なくとも10冊はやるぞ」
「次は色の入ったイラストもやってみるぞ」

という具合に、ハードルを引き上げないと、自分の成長はそこでストップしてしまう。これは残念なことである。

次から次へとハードルを用意しよう。ひとつのハードルを跳んだから、ハイそれまで、ではなく、次から次へと準備していくのだ。

夢を大きく膨らませていこう

私は、つい先日に某雑誌の結婚特集の取材を受けたのだが、「結婚を最終目標にしちゃダメですよ。そういう人は、結婚したとたんに、『なんだかなぁ』という気分に襲われますからね」というお話をした。

夢が叶うのはまことに喜ばしいと一般に考えられているが、夢が叶ってしまうのも、これまた問題があるのだ。

オーストラリアにあるニューサウス・ウェールズ大学のロバート・ロッドは、「私たちは目標があるから頑張れるのであって、目標がなくなると、モチベーションが下がる」と述べている。ひとつの目標に到達したら、すぐに次の目標を作らないと、やる気がうせてしまうので注意が必要である。

強く自己暗示をかければ、たいていのことは本当に叶ってしまう。暗示の効果はとても大きいのだ。しかし、そんなときにも満足することなく、次なる目標に向かってすぐに歩き出してほしいと私は思っている。

「夢のハードルを上げ続ければ、叶う夢も増えていく！」

49 たっぷり〝ご褒美《ほうび》〟を用意しておけ

心のエンジンを稼動させるコツ

水族館のイルカは、高いところにある輪をジャンプしてくぐったり、ボールで曲芸を見せてくれたりする。

しかし、イルカは、自発的に飛んだりはねたりしているわけではない。俗っぽいことをいえば、芸をすればエサをもらえるからやっているだけであって、エサをくれないなら、そんなことはやらないのである。

人間だって同じようなものだ。

〝ご褒美〟をもらえるから、やる気が出るのだ。

これは自己暗示をかけるときもそうである。ご褒美も何もなく、さぁこれをやろうと思っても、腰が重くなって、なかなか動き出せるものではない。

ここから大切な原則が導かれる。すなわち、

「自分に暗示をかけるときには、何かメリットになるような〝ご褒美〟を用意しておけ」

というルールがあるのである。

自己暗示を実行する前に、まずたっぷりと〝ご褒美〟を準備するところから始めよう。どんなことを、どれだけしたら、何がもらえるのか決めておく。自分自身と相談しながら、許される範囲で、自分をどうやって甘やかすかを決めるのだ。

ワクワクするものであれば、何でもいい

自分にとっての〝ご褒美〟になるなら、それは何でもかまわない。

高いワインを開けるのでもいいし、カロリーなど気にせずにケーキを思いきり食べることでもいいし、合コンをするのでも、風俗で遊ぶことを自分に許すのでもいいだろう。

とにかく、自分にとっての〝ご褒美〟をきちんと準備しておくことである。

かくいう私は、最近では、釣りに出かけることを最大のご褒美としている。

こうやって原稿を書いている間にも、「さぁ、早いところ、この原稿を片づけちまおう。そうすりゃ、たっぷり釣りができるからな」とウズウズしているのだ。

たとえば、

「俺なら、月間で10台の自動車が売れる！」

「俺のお客さんが、別のお客さんを連れてきてくれる！」

という自己暗示をかけるとしよう。

しかし、自己暗示をかける前には、「もし、この目標が叶ったら、俺には、○○の〝ご褒美〟が待っている」と思えることも大切なのである。

ご褒美の幸せ感が、暗示効果を高める

たいていの本には、自己暗示のやり方は載っていても、ご褒美の重要性がちっとも書かれていない。ようするに、ご褒美もないところで頑張れといっているわけだ。

これでは、エサもくれないのに、ジャンプしろとイルカに命じているのと一緒で、うまくいくわけがない。

ご褒美があれば、私たちは、本気になる。だから、暗示効果もそれに伴って高くなるのだ。

目標を完遂するためには、本気さというか、熱心さが必要であるが、それには、ご褒美を準備しておくのが一番の方法なのだ。

もちろん、暗示によって自分が望んだ夢が叶うことが、そのままご褒美になることもあるだろう。たとえば、「私はダイエットして痩せるんだ」という自己暗示は、痩せることがそのまま本人にとってのご褒美となることもある。

しかし、そういうケースでないのなら、自分なりにご褒美を用意して、やる気を奮起させるように持っていくのが一番なのである。

「毎朝、会社に向かう前に、自分へのご褒美を決めておこう」

50 やる気が出ないなら、「赤いパンツ」をはいてみろ

アドレナリンが分泌して、エネルギッシュになる

私たちには、やる気を出すことで知られる「アドレナリン」というホルモンがある。副腎から分泌され、体を興奮状態にし、心拍数を増やして血圧を上げ、酸素を大量に吸い込めるように気管を広げる働きをするホルモンである。

身体を活性化させ、元気を出すには、アドレナリンを分泌させればいいということになるわけだが、肝心なのはその方法だ。

だれでも手軽にできるということでは、「赤いもの」を身につけることが効果的である。

私たちは、赤色を見ると、交感神経の働きが活性化して、エネルギッシュになれるのだ。ちょうど赤いヒラヒラした旗を見ると、興奮する牡牛のようなところが人間にもあるといえよう。

とはいえ、真っ赤なスーツを着るのでは、お笑い芸人になってしまう。赤いシャツやネクタイもちょっと……という人がいるかもしれない。そんな場合には、見えないところで、赤色を使うのである。

一番いいのは、「赤いパンツ」。

赤いパンツをはいていると、「ようし、やってやるか！」と自分にいい暗示をかけることができる。しかも他人にそれは見えないので好都合である。別に赤い腹巻やふんどしでもかまわないのだが。

先日、テレビを見ていると、元気なおじいちゃんの特集をやっていて、そのおじいちゃんの元気の秘訣は、赤いパンツであると本人が語っていた。

たぶん同じ番組を見ていた視聴者の多くは「そんなはずがないだろう」と笑いとばしたかもしれないが、けっこうそれは当たっているような気がする。赤色は、私たちに元気を出させる色なのである。

言葉の暗示効果が弱いときの特効薬

いくら頑張ろうと念じても、言葉による自己暗示があまりうまくいかないこともある。そんなとき、**効果をもっと高めたいなら、〝道具〟を使おう。それが赤色グッズなのだ。**

私は、仕事で何か書きものをするときには、必ず赤いボールペンを使う。

普通の人は、メモをとるときに、大切な箇所だけ赤色を使い、その他の箇所では、シャープペンやボールペンなどの黒い色を使うのが一般的なのだろうが、私は違う。**赤色のボールペンで仕事をしたほうが、はるかに仕事の能率があがる。**

赤色を見ていると、アドレナリンが分泌されて、いやがうえにもやる気が高まるのだ。

色彩心理学者のクワレックが、部屋全体が、赤、緑、白、の3つの部屋を用意して、それぞれの部屋で校正作業（文章を読ませて誤字を発見させる作業）をさせたところ、赤色の壁紙の部屋で作業をさせたときに、一番の生産性をあげた、という報告を行っている。赤色は、私たちを活性化させるのだ。

なお、同じくクワレックの実験では、白い部屋で作業をすると、間違いが一番多くなり、緑の部屋で作業をすると、頭が混乱してしまうこともわかった。

「頑張らなきゃ、もっと頑張らなきゃ」と呪文のように自己暗示をかけようとしても、うまくいかないときには、赤色を使おう。自分の心を奮い立たせるのに、一番便利な方法である。

「赤色を使えば、身体からパワーがあふれる」

51 夢は、大きな字で、のびのびと書け

願い事を叶えたければ、ちょこちょこ書いてはいけない

新年を迎えると、今年の抱負や目標などを書いてみようという気持ちになる。あるいは、初詣に出かけて絵馬に願いを書く人がいるかもしれない。

願い事を書き出すという行為は、まさに自己暗示の方法である。

頭の中で考えているだけでなく、「書く」という積極的な行為をすることで、暗示の効果はぐんと高まるので、これはとてもいいアイデアだ。

とはいえ、せっかく願い事を書き出すのなら、堂々と、大きく書くことを忘れてはいけない。小さな字で、ちょこちょこと書いているようでは、せっかくの暗示力が働かないからである。

私は神社に出かけたとき、他人の絵馬をながめるのが好きである。私自身も、毎年、絵馬を奉納しているのだが、他人の願い事を見るのも、けっこう楽しいのだ。

さて、それぞれの絵馬には、その人の願い事が書かれているが、ひょろひょろと弱々しい字で書いてあるものを見つけると、「これじゃ、せっかくの絵馬も台なしだ」と残念に思ってしまう。のびのびと、大きく字を書かないと、神様だって、その願いを叶えてくれないと思うのだ。

小学校の先生に話を聞くと、テストの成績が悪くとも、名前を大きく、のびのびと書いている子は、将来伸びる可能性が大きいそうだ。そういう子どもは、自分に自信を持っているので、物事を成し遂げることができるのである。メジャーリーグで活躍する松坂大輔投手は、小学校の頃から、枠からはみだすほど大きな字で名前を書いていたという。

堂々と文字を書けば、心にも余裕が出てくる

私たちは、大きな字で書くようにすると、なぜか気分まで大きくなってくるものなのである。メモ帳に、小さな字で、びっしりと書き込むタイプの人がいるが、こういうタイプは、不安や緊張の強いタイプである。**心理的に余裕のある人は、余白をたっぷりと残しながら、大きな字で書くもの**だからだ。

慶応大学名誉教授の槇田仁さんは、『筆跡から性格がわかる』（ブルーバックス）という本の中で、**「例外はあるものの、小さな字を書くのは内向的な人に多く、紙いっぱいに大きく書くのは外向的な人に多い」**と指摘している。

大きな字で書いている人は、明るく、陽気になれるものなのだ。

せっかく願い事を書くのなら、自信を持って、堂々と書けばよい。紙からはみだすほどの大きな字で書けば、**「これって、本当にうまくいっちゃうんじゃないの?」**と自分でも信じることができるようになるはずだ。逆に、小さな字で書いていると、「こんなの気休めにすぎない」とか「叶うわけがない」と、自分でもそれを信じられなくなるのである。不思議なことなのだが、本当なのである。

まずは騙されたと思って、字を書くときには、いつでも堂々と、大きく書くクセをつけよう。そういうクセをつけると、性格も明るく、陽気になっていくものである。小さな字で書いていると、人間の器まで小さくなってしまうので注意が必要だ。

52 「完了形」で夢を唱えよ

願望は「なった」「できた」の形で口に出す

自分に暗示をかけるとき、たいていの人は、〝願望〟を口にする。

お金持ちになりたいなとか、恋人を作りたいなという具合である。

しかし、そういう願望をいくら口にしても、実際に叶うことはない。なぜなら、そういう暗示法は間違えているからである。


効果的な暗示話法は、「完了形」なのである。


たとえば、50円玉に糸を吊るして垂らし、「まわれ、まわれ」と念じる実験がある。しばらく念じていると、本当に50円玉がゆっくりと動き出すことが心理学的に知られている。こうした現象は、〝シュブリエールの振り子〟と呼ばれている。

このときに、「まわれ、まわれ」と声を出すのは素人であって、暗示の上手な人は、**「ほら、もう、まわった。まわった」と完了形で声を出すのだ。**

みなさんも実際に試してほしいのだが、「まわれ、まわれ」と念じているうちには、50円玉は動き出さない。

しかし、「ほら、まわってきた」「もう、ずいぶんまわっている」というように、完了形の言葉を口に出すと、どんどん動き出すことに気づくはずだ。

イメージを広げながら、暗示をかける

夢を叶えるときも同じである。「お金持ちになりたいな」ではなく、

「俺は今、着実に、お金持ちになりつつあるんだ」

と思い込むのがベストである。

どっさり仕事を与えられたときには、仕事に取り掛かる前から、

「ほら、片づいてきた。どんどん終わってきた」

という場面をイメージするとよい。目の前に山のように積み上げられた資料を頭

に思い浮かべ、それがぐんぐん減っていくところを考えるのだ。

スポーツ選手がメンタル・トレーニングをするときは、このように自己暗示をかけていく。

自分が優勢に試合を進め、もう勝ってしまった、という場面を考えるのである。

未来のことに対しても、**完了した事実として考える**のだ。

こうすると、人間の暗示力はきわめて効果的に働くことが知られている。

作家になりたい人は、作家になりたいと思うのではなく、すでに自分が作家になって執筆している姿をイメージするとか、編集者にホメられている場面などをイメージするとうまくいく。

お金持ちになりたいなら、実際にお金持ちになったつもりで、大きな家に住んでいるとか、高級な自動車を乗り回しているところをイメージすればよい。

それは単なる空想ではないかと思われそうだが、それでいいのである。夢想でいいのだ。白昼夢は、どんどん見たほうがいいのだ。

それが自分の潜在力を最大限に引き出すコツなのだから。

恥ずかしがらずに、自分の夢が「叶った」場面をイメージしてほしい。

いつのまにか「速読」できるようになった理由

私はかつて、速読の名人と呼ばれる人が登場して、ペラペラと本をめくって内容を理解していくテレビの特集を見て、「あんなふうに本が読みたい」と思った。羨ましいので、自分もそのスキルを手に入れたいと思ったのである。

そこで、その速読名人と自分の姿を重ね合わせ、自分が速読に成功している場面を何度もイメージするようにしたところ、気がつくと、私もいつの間にか速読ができるようになってしまったのである。

イメージによる自己暗示の効果は、信じられないほど大きいといえる。

自己暗示をかけるときには、あたかもそのスキルがすでに自分に手に入ったように思い込むとうまくいく。願望ではなく、完了した事実として思い込んでしまうのが成功の秘訣である。

「夢を『完了した事実』のようにインプットせよ」

53 気が滅入ったときは、アゴを20度上げろ

やはり、覇気のある人は好かれる

世の中が不況だったり、連日悪いニュースが報道されたりして、気分が落ち込んでしまう。日本全体が閉塞感に陥ってしまっているようで、みんな元気がない。

しかし、こんな世の中だからこそ、カラ威張りやカラ元気を見せるべきである。**あなただけはいつでも元気いっぱいのところを見せていれば、人はついてくる。**

石原都知事がいろいろと暴言を吐いていても、やっぱりみんなに好かれるのは、「元気」があるからだ。この人なら何とかしてくれるんじゃないか、という期待を抱かせてくれるからだ。

なんとも覇気がなく、消え入りそうなほど小さな声でしゃべる人がいるとして、その人の発言がみんなに信用されることは、考えにくい。元気のない人は、人を動かすエネルギーにも欠けるのである。

元気そうに見える「演出」でいい

強がりでもいいから、ハッタリでもいいから、とにかく自分は元気なんだぞ、こんなにバイタリティにあふれているんだぞ、まだこんなに若いんだぞ、という姿を見せないとダメである。

「その元気が出てこないから、悩んでるんじゃないか」

なるほど、読者のみなさんはそんなふうに思うかもしれない。

しかし、私は、「ホンモノの元気を出しなさい」などとは言っていない。**ハッタリでもいいから「元気そうに見えるように演出しなさい」**と言っているだけなのだ。

自分の性格を変えるのは、非常に難しい。だから、そんなことは読者のみなさんに求めているわけではない。

ただ、元気そうに演出することだけをアドバイスしたいのだ。

アゴを20度上げると快活な表情になる

どうすれば、元気そうに見えるか。

それは、アゴを20度上げるようにするだけ。たった、これだけである。アゴを20度上げれば、だれでも、うつむいた顔ではなく、未来を見つめるような、そういうイキイキとした顔になる。

だからこそ、広告のモデルが写真に写るときには、アゴを20度上げるのだ。

カナダのモントリオールにあるマギル大学のA・マイノルトは、アゴの高さを10度きざみで上げたり、下げたりした顔の表情のCGを作り、それをたくさんの人に見せて、どのように評価されるのかを調べたことがある。

すると、アゴを20度上げたときに、快活な表情だと認知されることがわかったのである。

ついでにいうと、アゴを30度も上げると、今度は尊大で威張った顔になってしまう。アゴを上げるのがいいとはいえ、上げすぎるのもよくないので注意してほしい。

落ち込んだときに効く言葉

人と会うときには、アゴは20度上げておこう。

そうすれば、あなたは元気にあふれている人間だと思ってもらうことが可能である。アゴを20度上げると、光をたっぷり浴びて、顔全体が輝くように見えるのだ。

逆に、うつむいた顔をしていると、太陽や照明の光の関係によって、目のくぼみや口元などに陰ができてしまい、「なんだか暗い人」と思われてしまう。

英語では元気を出しなよ、頑張りなよ、と他人を励ますときに**「Keep your chin up」**という表現を使うが、文字通りに直訳すれば、「アゴを上げなよ」である。アゴを下げていると、元気がなさそうに見えるため、アゴが下がらないよう気をつけろと戒めているわけだ。

どんなに気分が滅入っていようが、アゴだけは上げておこう。アゴを下げなければ、あなたはやる気を失っていないように見えるからである。

「元気なフリをすれば、徐々にファイトも湧いてくる！」

54 悪い暗示をはじき飛ばす「疑う心」を持て

うまい話に飛びつく前に、自分に問いかけろ

これまで、他人をどうやって動かすのか、どうやって暗示をかければよいかについて考えてきた。

しかし、最後に、相手がそういう暗示をかけようとしてきたとき、どうやって身を守ればいいのかについても考えてみたい。

相手が巧みな話術であなたに暗示をかけようとするとき、どうやれば自己防衛できるのだろうか。

それには「疑う心」を持っていなければならない。

「この人は、自分を利用しようとしているのではないか？」
「うまく言いくるめようとしているのではないか？」

このような疑う心を持っていると、他人からの暗示を無効にできる。「疑う」というのは、心を閉ざすことであって、相手の話を信じられなくする効果があるのである。

北イリノイ大学のブラッド・サガリアという心理学者は、240名の大学生に日用品の雑誌広告を見せて、どれくらい説得されるのかを調べる研究を行っている。普通に広告を見せると、たいていの人は広告に心を動かされ、その商品をほしくなるものである。

しかし、学生に疑う心を持たせ、「この広告は、わざわざ専門家の意見を載せたりして、不当に売上を伸ばそうとしているのではないか?」と考えるように仕向けてから広告を読ませた場合には、まったく心が動かされなくなることがわかった。疑う心を持っていれば、他人からの影響力を排除できるのである。

私たちは、権威ある人の発言には弱い。新聞に出ていたとか、ある偉い学者が本の中で言っている言葉は、つい妄信しがちなのである。

しかし、「この人は権威を不当に利用しているのではないか?」という疑いの心を持っているなら大丈夫。あなたはその意見に引きずられることはないであろう。

もしだれかが、あなたに対して権威の名前を出しながら、「○○大学の先生が言っていたんだけどね……」と言ってきても、すぐに暗示にかかってはいけない。

疑う心を十分に発揮しながら、

「本当にその先生が言っていたの？」

「あなたが解釈を間違えているんじゃないの？」

「単なる冗談で言っていたんじゃないの？」


と、健全な批判精神を持つようにしたい。**何事も鵜呑みにするのは危険である。**

悪い暗示から心を守るクセをつける

疑う心を持っていないと、つまらない詐欺にひっかかることになる。巷には、いろんな形で、あなたに暗示をかけ、騙そうとする人たちがいっぱいいるのだ。

そういう暗示から身を守るためにも、どんなことにも一応は疑ってかかるという態度を持つのがいい。とりわけ自分がまったく知らない人から、おいしそうな儲け話を聞かされたときには、警戒する心を持とう。

疑う心を持たない人は、カモがネギをしょって歩いているようなものである。羅針盤を持たないで航海に乗り出すようなものである。

そんな無用心なことでは、自分の身は守れない。人を信用するのは美徳だと考えられてはいるものの、まったく疑う心を持たないのなら、単なるお人よしのバカになってしまうので気をつけてほしい。

「権威ある人の発言を盲信せず、自分の信条に従おう」

あとがき

本書は、人を動かすコツのようなものを心理学的に分析してきた。

私は、一応のところ、説得学が専門なので、最近の研究データなどを踏まえつつ、「こういうときは、こうするといいよ」という具体的なアドバイスをしてきたつもりである。読者のみなさんには、楽しんでいただけたであろうか。

「なるほど、この方法は使えそうだな」と思っていただけたであろうか。もし、少しでもそう思っていただけたのだとしたら、著者冥利に尽きるというものである。

さて、最後になってしまったが、この場を借りて、本書を執筆した経緯についても触れておこう。すばる舎の編集者さんから、「先生、暗示をテーマにした本を書いてくださいませんか？」と頼まれたときには、引き受けるかどうか大いに迷った。私は、催眠や暗示について、あまり詳しくなかったからである。

テレビの催眠術師がよくやるような、「あなたは眠くな〜る、眠くな〜る」といったお手軽な説得法を伝授してもらえるものと期待された読者の人が、ひょっとするといるかもしれない。

しかし、現実には、あんなに簡単に人を操るようなことはできない。相手に暗示をかけてしまえば、たとえば、洋服を脱げと命じたり、消しゴムを食べろと命じてもその通りになるのではないか、と思う人がいるとしたら、それは漫画や映画の話だけだと言っておこう。

現実には、そんなに簡単に人は言いなりになってくれないものである。もしそんなことが可能なら、私はその秘訣をだれにも語らずに、自分ひとりでこっそり悪用している。

本書は暗示コミュニケーションについての本としては、これはこれでいい出来栄えの本に仕上がったと思っているのだが、さて、読者のみなさんの評価はどうだろう。

本書は刊行されてからこれまでに15万部を突破し、私にとっても代表作のひとつになった。今回、大和書房さんから文庫化することになり、よりたくさんの読者に手に取っていただければ、著者として望外の幸せである。

いまさらながらに考えてみると、心理学の知識というのは、本当に日常生活に役立つことばかりで、私も資料を調べるのが楽しくてしかたがない。もし本書をきっかけに、読者のみなさんが私と同じように心理学を身近に感じて、興味を持ってくだされば幸いである。

最後の最後までおつきあいくださり、ありがとうございました。

内藤誼人

本作品は、二〇〇七年三月にすばる舎より刊行されました。

consequences of affective primacy for subliminal priming effects. Personality and Social Psychology Bulletin, 31, 1286–1295.

□Van den Putte, B., & Dhondt, G. 2005 Developing successful communication strategies: A test of an integrated framework for effective communication. Journal of Applied Social Psychology, 35, 2399–2420.

□Van Eerde, W., & Thierry, H. 1996 Vroom's expectancy models and work-related criteria. A meta-analysis. Journal of Applied Psychology, 81, 575–586.

□Wood. R. E., Mento, A. J., & Locke, E. A. 1987 Task complexity as a moderator of goal effects: A meta-analysis. Journal of Applied Psychology, 72, 416–425.

□Yalch. R. F., & Yalch, R. E. 1984 The effect of numbers on the route to persuasion. Journal of Consumer Research, 11, 522–527.

□夢プロジェクト編　2005　ポジティブな人と言われる技術　KAWADE夢文庫

□Zaragoza. M. S., & Mitchell, K. J. 1996 Repeated exposure to suggestion and the creation of false memories. Psychological Science, 7, 294–300.

Differences, 40, 1099–1109.
□Reyna. B. C. J., V. F., & Brandse, E. 1995 Are children's false memories more persistent than their true memories. Psychological Science, 6, 359–364.
□Roberts. D. S. L., & MacDonald, B. E. 2001 Relations of imagery, creativity, and socioeconomic status with performance on a stock-market e-trading game. Psychological Reports, 88, 734–740.
□Robberson. M. R, & Rogers, R. W. 1988 Beyond fear appeals: Negative and positive persuasive appeals to health and self-esteem. Journal of Applied Social Psychology, 18, 277–287.
□Rose, Y., & Tryon, W. 1979 Judgments of assertive behavior as a function of speech loudness, latency, content, gestures, inflection and sex. Behavior Modification, 3, 112–123.
□Rudman, L. A., & Glick, P. 1999 Feminized management and backlash toward agentic women: The hidden costs to women of a kinder, gentler image of middle managers. Journal of Personality and Social Psychology, 77, 1004–1010.
□Sagaria, B. J., Cialdini, R. B., Rice, W. E., & Senna, S. B. 2002 Dispelling the illusion of invulnevability: The motivations and mechanisms of resistance to persuasion. Journal of Personality and Social Psychology, 83, 526–541.
□坂川山輝夫　1997　仕事の「言葉上手」になる99の秘訣　成美文庫
□Schindler, P., & Thomas, C. C. 1993 The structure of interpersonal trust in the workplace. Psychological Reports, 73, 563–573.
□Schweitzer, M. E., Church, L. A., & Gibson, D. E. 2005 Conflict frames and the use of deception: Are competitive negotiators less ethical? Journal of Applied Social Psychology, 35, 2123–2149.
□Smith. S. M., & Shaffer, D. R. 1995 Speed of speech and persuasion: Evidence for multiple effects. Personality and Social Psychology, 21, 1051–1060.
□Sparks, S. A., Corocoran, K. J., Nabors, L. A., & Hovanitz, C. A. 2005 Job satisfaction and subjective well-being in a sample of nurses.
□Journal of Applied Social Psychology, 35, 922–938.
□Stapel, D. A., & Koomen, W. 2005 When less is more: The

Psychology, 12, 333-341.
□Jehn, K. A., & Mannix, E. A. 2001 The dynamic nature of conflict: A longitudinal study of intragroup conflict and group performance. Academy of Management Journal, 44, 238-251.
□Johnson. R. E., 1970 Some correlates of extramarital coitus. Journal of Marriage and the Family, August, 449-459.
□Karademas, E. C. 2006 Self-efficacy, social support and well-being: The mediating role of optimism. Personality and Individual Differences, 40, 1281-1290.
□Karris., L. 1977 Prejudice against obese renters. Journal of Social Psychology, 101, 159-160.
□Kwallek, N., & Lewis, C. M. 1990 Effects of environmental color on males and females: A red or white or green office. Appled Ergonomics, 2l, 275-278.
□Martin. R. A., & Lefcourt, H. M. 1983 Sense of humor as a moderator of the relation between stressors and moods. Journal of Personality and Social Psychology, 45, 1313-1324.
□Mignault, A., & Chaudhuri, A. 2003 The many faces of a natural face: Head tilt and perception of dominance and emotion. Journal of Nonverbal Behavior, 27, 111-132.
□Nemeth, C. J., Connell, J. B., Rogers, J. D., & Brown, K. S. 2001 Improving decision making by means of dissent. Journal of Applied Social Psychology, 31, 48-58.
□日本語倶楽部編　2005　品のいい人と言われる言葉づかい　KAWADE夢文庫
□Nyhus, E. K., & Pans, E. 2005 The effects of personality on earnings. Journal of Economic Psychology, 26, 363-384.
□O'Connor, K. M., & Carnevale, P. J. 1997 A nasty but effective negotiation strategy: Misrepresentation of a common-value issue. Personality and Social Psychology Bulletin, 23, 504-415.
□Pagoto, S. L., Spring, B., Cook, J. W., McChargue, D., & Schneider, K. 2006 High BMI and reduced engagement and enjoyment of pleasant events. Personality and Individual Differences, 40, 1421-1431.
□Peterson, S. J., Gerhardt, M. W., & Rode, J. C. 2006 Hope, learning goals, and task performance. Personality and Individual

approach to promoting volunteerism.Journal of Applied Social Psychology, 24, 1129-1149.

□Darby, B. W., & Schlenker, B. R. 1989 Children's reactions to transgressions: Effects of the actor's apology, reputation and remorse. British Journal of Social Psychology, 28, 353-364.

□Davis, B. P., & Knowles, E. S. 1999 A disrupt-then-reframe technique of social influence. Journal of Personality and Social Psychology, 76, 192-199.

□Drachman, D., DeCarufel, A., & Insko, C. A. 1978 The extra credit effect in interpersonal attraction. Journal of Experimental Social Psychology, 14, 458-465.

□Godoy, R, Reyes-Garcia, V., Huanca, T., Tanner, S., Leonard, W. R., McDade, T., & Vadez, V. 2005 Do smiles have a face value? Panel evidence from Amazonian Indians. Journal of Economic Psychology, 26, 469-490.

□Groves, M. O. 2005 How important is your personality? Labor market returns to personality for women in the Us and UK. Journal of Economic Psychology, 26, 827-841.

□Harvey, S., Blouin, C., & Stout, D. 2006 Proactive personality as a moderator of outcomes for young workers experiencing conflict at work. Personality and Individual Differences, 40, 1034-1063.

□Heck, M. A. K., Bedeian, A. G., & Day, D. 2005 Mountains out of molehills? Tests of the mediating effects of self-esteem in predicting workplace complaining. Journal of Applied Social Psychology, 35, 2262-2289.

□Herr, P. M., Kardes, F. R, & Kim, I. 1991 Effects of word-of-mouth and product attribute information on persuasion: An accessibility-diagnosticity perspective. Journal of Consumer Research, 17, 454-462.

□Hinds, P. I., Carley, K. M., Krackhaardt, D., & Wholey, D. 2000 Choosing work group members: Balancing similarity, competence, and familiarity. Organizational Behavior and Human Decision Processes, 81, 226-251.

□Insko. C. A., & Cialdini, R. B. 1969 A test of three interpretations of attitudinal verbal reinforcement. Journal of Personality and Social

【参考文献】

本書の執筆に際しまして、以下の文献を参照いたしました。

□Allred, K. G., Mallozzi, J. S., Matsui, F., & Raia, C. P. 1997 The influence of anger and compassion on negotiation performance. Organizational Behavior and Human Decision Processes, 70, 175-187.

□Andre, N. 2004 Good fortune, luck, opportunity and their luck: How do agents perceive them? Personality and Individual Differences, 40, 1461-1672.

□Bardack, N. R., & McAndrew, F. T. 1986 The influence of physical attractiveness and manner dress on success in a simulated personnel decision. Journal of Social Psychology, 125, 777-778.

□Bell. B. E., & Loftus, E. F. 1988 Degree of detail of eyewitness testimony and mock juror judgments. Journal of Applied Social Psychology, 18, 1171-1192.

□Boles, T. L., Croson, R. T. A., & Murnighan, J. K. 2000 Deception and retribution in repeated ultimatum bargaining. Organizational Behavior and Human Decision Processes, 83, 235-259.

□Brecher, E. G., & Hantula, D. A. 2005 Equivocality and escalation: A replication and preliminary examination of frustration. Journal of Applied Social Psychology, 35, 2606-2619.

□Brown, S., Taylor, K., & Price, S. W. 2005 Debt and distress: Evaluating the psychological cost of credit. Journal of Economic Psychology, 26, 642-663.

□Cherubini, P., Rumiati, R., Rossi, D., Nigro, F., & Calabro, A. 2005 Improving attitudes toward prostate examinations by loss-framed appeals. Journal of Applied Social Psychology, 35, 732-744.

□Cimbalo. R. S., Measer, K. M., & Ferriter, K. A. 2003 Effects of directions to remember or to forget on the shor-term recognition memory of simultaneously presented words. Psychological Reports, 92, 735-743.

□Clary, E. G., Snyder, M., Ridge, R. D., Miene, P. K., & Haugen, J. A. 1994 Matching messages to motives in persuasion: A functional

内藤誼人（ないとう・よしひと）

心理学者。有限会社アンギルド代表。慶應義塾大学社会学研究科博士課程修了。ビジネス心理学の第一人者として、実践的な心理学の応用に力を注いでいる。自然を愛するナチュラリスト。どんな女性にもやさしいラディカル・フェミニスト。

著書には『高速の渋滞、先に進むのはどちらか』（幻冬舎）、『すごい！ホメ方』（廣済堂文庫）、『他人に軽く扱われない技法』『ひそかに人を見抜く技法』『他人を動かす質問』（大和書房）、『「人たらし」のブラック心理術』『「人たらし」のブラック謝罪術』『「人たらし」のブラック交渉術』『一瞬で好かれる心理術』（だいわ文庫）等、多数がある。

だいわ文庫

人《ひと》は「暗示《あんじ》」で9割《わり》動《うご》く！

人間関係《にんげんかんけい》がラクになるコミュニケーション心理《しんり》術《じゅつ》

著者　内藤誼人《ないとうよしひと》

二〇一〇年一〇月一五日第一刷発行

発行者　佐藤 靖

発行所　大和《だいわ》書房

東京都文京区関口一－三三－四 〒一一二－〇〇一四

電話 〇三－三二〇三－四五一一

振替 〇〇一六〇－九－六四二二七

装幀者　鈴木成一デザイン室

本文デザイン　相馬孝江（TYPEFACE）

本文イラスト　草田みかん

本文印刷　シナノ

カバー印刷　山一印刷

製本　ナショナル製本

ISBN978-4-479-30305-3

乱丁本・落丁本はお取り替えいたします。

http://www.daiwashobo.co.jp